KB180815

인문학시민강좌 05

문학 속의 인천, 인천의 문학

인하대학교 한국학연구소 편

인문학시민강좌 05

문학 속의 인천, 인천의 문학

ⓒ 인하대학교 한국학연구소, 2014 Printed in Incheon, Korea

1판 1쇄 인쇄 ‖ 2014년 05월 01일

1판 1쇄 발행 ‖ 2014년 05월 15일

엮은이 ‖ 인하대학교 한국학연구소

펴낸이 ‖ 홍정표

기획 ‖ 인하대학교 한국학연구소

주소 ‖ 402-751 인천광역시 남구 인하로 100 한국학연구소

전화 ‖ 032-860-8475

홈페이지 ‖ http://www.inhakoreanology.kr

펴낸곳 ‖ 글로벌콘텐츠

등록 ‖ 제25100-2008-24호

편집 ‖ 노경민 김현열 박가연

마케팅 ‖ 이용기

디자인 ‖ 김미미

경영지원 ‖ 안선영

주소 ‖ 서울특별시 강동구 천중로 196 정일빌딩 401호

전화 ‖ 02-488-3280

팩스 ‖ 02-488-3281

홈페이지 ‖ http://www.gcbook.co.kr

이메일 ‖ edit@gcbook.co.kr

값 11,000원

ISBN 979-11-85650-10-4 04300

　　　978-89-93908-12-1 (set)

인하대학교 한국학연구소는 1986년 설립된 이래 어학, 문학, 역사, 철학, 종교, 문화를 중심으로 한국학의 제반 학문분야에 대한 연구를 꾸준히 수행해 왔습니다. 특히 2007년부터는 '동아시아 상생과 소통의 한국학(Koreanology for East-Asia Community)'이라는 아젠다(Agenda)를 가지고 공동연구를 진행하고 있습니다. 우리 연구소는 이러한 아젠다를 인천지역 시민과 소통하기 위해 연구소의 연구역량을 모아 2009년 하반기부터 〈인천시민인문학강좌〉를 개설·운영하고 있습니다. 본 강좌는 우리 연구진의 비판적 문제의식을 제시하고 시민과 함께 호흡하면서 인문학의 사회적 소통을 도모하고자 기획한 것입니다.

이번에 내놓는 〈인문학시민강좌 05〉는 2013년도 상반기에 "문학 속의 인천, 인천의 문학"이라는 주제 아래 진행된 총 8강좌의 내용을 수정, 보완하여 묶었습니다. 이 기획은 〈인천시민인문학강좌〉를 운영하는 네 분야(인문학, 한국학, 동아시아, 인천학) 가운데 인천학에 해당합니다.

1883년 제물포의 개항으로 '근대도시'로 성장한 인천은 한국 근대 문학의 형성과도 밀접한 관련을 지닐 수밖에 없었습니다. 한국 근대 문학의 태동기로부터 현재에 이르기까지 인천은 다양한 문학 작품 속에서 여러 가지 의미로 현상現像해 왔으며, 또한 인천은 그간 한국문학의 흐름을 좌우할 중요한 작가들을 수없이 배출했습니다.

따라서 이러한 인천과 문학의 관계망network 구축 작업이 필요함에 이번 강좌에서는 한국의 근·현대 문학 작품에 표상된 인천의 의미, 인천 문단의 형성 과정과 현재의 지형, 동시대 한국문학에서 인천 문인들의 역할 등을 전반적으로 살펴봤습니다. 전반부에는 근·현대 문학과 인천의 관계 양상을 다뤘으며, 후반부에는 현재 한국의 문단에서 주도적이고 문제적으로 활약하고 있는 인천 출신 문인들의 목소리로 인천에서의 경험이 자신의 문학 세계를 형성하는 데 어떤 영향을 미쳤는지를 다뤘습니다. 이번 강좌는 한국문학과 인천이 역사적으로 어떻게 조우해 왔는지, 그리고 현재는 어떻게 관계를 맺고 있는지를 살펴보는 좋은 기회가 될 것입니다.

이 책의 기획과 간행의 모든 과정은 본 연구소의 임학성, 조강석 두 분의 교수가 맡았습니다. 두 분의 노고에 감사드립니다. 아울러 강좌가 성공적으로 개설된 데에는 인천광역시립박물관과 경인일보사와의 협력체계가 없었으면 불가능했습니다. 두 기관의 기관장께 감사드리며, 특히 강좌 진행을 위해 애써 준 본 연구소의 류창호 연구원, 인천광역시립박물관의 안성희 학예사, 강좌 내용을 꼼꼼히 정리 보도해 준 경인일보사의 김민재 기자께도 감사의 말씀을 전합니다.

또한, 어려운 출판 상황에서도 인문학 발전에 기여코자 하는 일념으로 꾸준히 〈인문학시민강좌〉를 출판해 주는 글로벌콘텐츠 홍정표 대표이사님과 편집팀에게도 감사를 드립니다.

모쪼록 이번 교양총서가 인천 문학 탐구의 갈증을 해소하고 더 나아가 인천학의 정립에 일조할 수 있기를 기대합니다.

2014년 4월
인하대학교 한국학연구소
소장 김 만 수

contents

항구와 공장의 근대성

이현식

연세대학교 문과대학 영어영문학과를 졸업한 뒤, 같은 학교 대학원 국어국문학과에서 현대문학 전공으로 박사학위를 받았다. 현재 인천문화재단 한국근대문학관 관장으로 재직중이다. 『제도사로서의 한국근대문학』, 『일제 파시즘체제하의 한국 근대문학비평』, 『곤혹한 비평』, 『인천담론─인천정담』, 『성찰적 창조도시와 지역문화』 등의 저서와 「이효석을 다시 보자」, 「한국적 비평의 탄생」 등의 논문, 그밖에 인천에 대해 쓴 다양한 글들이 있다.

항구와 공장의 근대성*

: 인천에 대한 문학적 표상 연구

1. 서론

당연한 상식이지만 문학작품은 그것을 탄생시킨 사회적 상황을 반영한다. 아울러 그것은 작품을 만들어낸 그 사회의 객관적 조건과 한계 안에서 존재한다. 물론 문학작품이 현실을 반영하는 과정은 일률적인 도식으로 설명되지는 않는다. 작가와 작품, 그리고 작품이 생산된 시대의 사회적 여건은 복잡하고도 다양한 관계로 얽혀있는 것이다. 작품은 자신이 속한 시대와 사회를 수동적으로 반영하는 것도 아니며 작가가 오로지 자기 혼자의 능력만으로 무無의 상태

---

* 이글은 2009년 11월 7일 미당문학제의 일환으로 개최된 학술대회에서 발표된 글을 인하대 시민인문학강좌에 맞게 다시 수정, 보완한 것이다.

에서 작품을 순정하게 제조해내는 것도 아니다. 그런데 하나의 문학작품이 어떤 복잡한 과정과 여러 요소들의 연관 관계 속에서 창작되는 것이라고 하더라도 궁극적으로 문학작품은 그 시대의 현실을 반영한다는 점을 부인하기는 힘들다. 문학작품은 그것이 탄생된 사회의 여러 조건들을 어떤 형태로건 반영하는 존재들인 것이다. 그렇지만 문학작품은 그것이 만들어지는 시대의 현실과 조건을 반영하면서도 그 시대를 초월하여 존재하기도 한다. 많은 고전과 명작들은 그 작품이 만들어진 시대를 뛰어 넘는다. 고전은 시간이라는 가장 냉혹한 비평을 이겨내 오늘에 다다른 존재들이다.

이 글은 그런 전제 아래에서 한국의 근대 소설 속에 등장하는 공간적 배경에 관심을 두고 작성된 것이다. 특히 이 글은 소설의 배경을 추상적으로 지칭하는 '공간'에 머물기보다는 특정 장소, 조금 더 정확히는 '도시'가 소설 속에 어떻게 드러나고 있는가에 관심을 두고자 한다. 도시는 위에서 언급한 객관 현실의 구체적 표상 가운데 하나이다. 도시는 사람들의 삶이 구체적으로 전개되는 생활의 현장이자 자본주의적 삶이 진행되는 단위이기도 하다. 사람들의 일상적 삶은 대체로 하나의 도시 안에서 자족적으로 완결되는 경우가 많다. 그렇게 보았을 때 도시가 한국 근대 소설에서 어떻게 반영되어 있고 작가들은 이를 어떻게 표현했는가를 살펴보는 것은 소설의 단순한 소재적 차원의 문제를 넘어서는 의미를 담고 있다. 소설 속에 다루어지고 있는 도시적 삶을 검토하는 것은 한국 근대 문학이 그것을 어떻게 소설의 자양분으로 육화시켰는가를 확인해 볼 수 있는 지표일 뿐만 아니라 한국문학의 근대성의 문제를 구체적으로 확인하는 주요한 통로가 될 수 있을 것이기 때문이다.

더구나 이 글이 다루려고 하는 것은 도시 일반이 아니라 '인천'이라는 구체적인 지역을 대상으로 하고 있다. 인천이라는 도시를 한국의 소설들이 어떻게 반영하고 표상하고 있는가를 통해 한국문학의 근대적 성격의 한 구체적 지점을 확인할 수 있을 것으로 생각한다. 따라서 이 글은 1910년을 전후한 시기부터 해방 이후까지 인천을 다룬 주요한 소설들에서 인천이라는 도시의 특성들이 어떻게 드러나고 있으며 또 그것이 갖는 의미는 무엇인가를 분석한 것이다.

2. 인천의 도시 특성

인천은 어떤 도시인가. 인천은 1883년 개항과 더불어 근대도시로 성장한 곳이다. 1876년 일본과 강화도에서 맺은 불평등조약인 '조일수호조규'에 의해 인천은 개항된다. 이 조약에 따르면 부산은 곧바로 개항되도록 정해졌으며 경기, 충청, 전라, 경상, 함경 5도의 연해 중 통상이 편리한 항구 2곳을 지정, 조약이 체결된 때로부터 20개월 후 개항한다고 규정되어있다. 그런데 조약체결 이후 추가로 개항하도록 지정된 인천은 1883년에 가서야 개항을 하게 된다. 당시 조선 정부는 어떻게 해서든 인천의 개항을 늦추려 했던 것이다.[1] 1876년 조약을 맺고 인천을 개항한 것이 7년 뒤인 1883년이라는 사실만 미루어보아도 짐작할 수 있는 일이다. 인천의 개항은 곧 서울로 가는 길목을 여는 일이었고 그것은 조선의 개항이나 다름없는 일이었기 때문이다. 인천이 개항됨으로써 개항의 파급력은 단순히 한 지역에 그치는 것이 아니라 수도인 서울을 포함해 전국적으로 영향을 미칠 가능성이 큰 것이었다. 조선의 모든 문물이 집결되고 정치 경제 문화의 중심지인 서울의 바로 코앞에 놓인 도시 인천의 개항은 곧 조선의 개항으로 여겨질 만큼 영향력이 큰 것으로 받아들여졌던 것이다.

예상했던 대로 1883년 개항과 더불어 인천을 통해 조선에 여러 근대적 문물들이 쏟아져 들어오기 시작했다. 외국

---

1) 인천대학교 인천학연구원 편, 『인천항사』, 인천항만공사, 2008, 130~139쪽.

의 영사관과 무역회사가 설립되고 병원과 교회, 근대식 학교, 식당과 호텔 등이 들어선다. 근대적 항만이 축조되고 제물포 항구를 중심으로 신도시가 형성되기 시작했다. 아울러 1894년에 전보電報가, 그리고 1898년 인천과 서울 간에 전화가 최초로 개설되었으며, 1899년 9월 경인철도가 개통됨으로써 한국 철도의 역사가 시작되기도 한다.[2] 당시 인천에서 서울까지 도보로 12시간, 인천에서 마포까지 수로水路로 8시간 소요되는 시간을 1시간대로 단축한 것은 획기적인 사건이었다. 인천역부터 노량진역까지 약 33km의 거리를 시속 20~22km로 달린 경인철도는 오늘의 기준으로 보면 매우 느린 것이지만 당시로서는 획기적인 속도였다.[3]

아울러 개항과 함께 조계租界가 설치되어 일본인들과 청국인, 그리고 기타 외국인들의 거주와 경제활동을 법적으로 보호하는 조치가 내려지기도 한다. 특히 일본인들의 입국이 눈에 띌 정도로 많았는데, 1910년 일본에 대한제국이 강제로 병합되던 해에 인천의 인구 31,011명 중 외국인의 인구가 일본인 13,315명, 중국인 2,806명, 기타 외국인 70명 등 총 16,191명으로, 인천 전체 인구 가운데 52%를 넘는 비

---

2) 역사자료관 역사문화연구실 편, 『한국 최초 인천 최고』, 인천광역시, 2005.
3) 김동식, 「철도와 근대성」, 근대문학100년 연구총서 편찬위원회 편, 『논문으로 읽는 문학사 1』, 소명출판, 2008, 34쪽.

율을 차지한다. 조선인보다 오히려 외국인, 그것도 일본인의 비중이 가장 높다는 것은 여러모로 시사해주는 바가 있다.[4]

이 시기 인천의 발전상을 보면서 여러 근대적인 문물이 들어와 도시가 발달하는 것을 일방적으로 반길 수만도 없는 일이고 그렇다고 무작정 폐쇄적인 태도로 외래 문물의 수용에 비판 일관도로 접근하는 것도 올바른 관점이라 보기 어렵다. 인천의 개항을 단순한 관점에서 바라보기 힘든 이유가 여기에 있다. 조계지가 구획되면서 외세의 배타적 지배권이 관철되었으며 많은 노동자들이 항만의 축조와 철도 공사를 위해 이 도시로 모여들었다. 무역 및 상업의 발달과 함께 진행된 대공장의 입지는 도시를 풍요롭게 하는 듯 보였지만 그것이 시민들의 행복을 담보하는 방식으로 이루어진 것은 아니었다.

서울에 인접한 항구 도시 인천은 개항 이후 한국 근대사의 중요한 시기마다 부침을 거듭한다. 개항이 그렇거니와 다른 한편으로는 전쟁과 분단으로 인한 상처를 가장 많이 받은 도시이기도 하다. 1950년 한국 전쟁 당시 인천에서 감행된 상륙작전은 전세戰勢를 일거에 뒤집는 결과를 만들어

---

4) 이준한·전영우, 『인천인구사』, 인천대학교 인천학연구원, 2007, 81쪽.

내기도 하였으나 도시 전체가 파괴되는 결과를 빚기도 한다. 한편 전쟁 전후로는 많은 월남민들이 인천으로 이주하여 정착한다. 1955년 인구 조사를 보면 인천으로 전입한 인구는 총 41,934명인데 이는 인천시 전체 인구의 13.2%를 차지하는 규모였다. 이중에서 북한에서 이주한 인구는 39,722명으로 전체 전입자 가운데 94.7%를 차지하고 있다. 분단과 전쟁을 거치면서 북쪽의 월남민이 급증한 것이다.[5] 북한과 인접한 서해안의 가장 큰 도시인 인천에 월남민들이 모여든 것은 이상한 일이 아니다.

이렇게 인천은 근대 개항 이후 분단과 전쟁에 이르기까지 한국 근현대사와 도시 발전의 궤를 같이 한 곳이다. 그런데 인천의 발전을 근대화와 산업화라는 관점에서 마냥 긍정적으로 보기도 어렵고 그렇다고 그 모든 것을 외세의 일방적 지배의 결과라고 부정해버리는 것도 정당한 일은 아니다. 그런 점에서 인천이라는 도시가 한국근대소설 속에 어떻게 투영되어 있고 작가들은 인천의 도시적 삶을 어떻게 인식했으며 그것이 문학적으로 어떻게 표상되었는가를 살펴보는 일은 한국문학의 근대적 성격의 일단을 드러내는 일과도 무관하지 않다. 한국사회의 근대성을 문학적 관점

---

5) 이준한·전영우, 앞의 책, 149쪽.

에서 논하는 일이 간단치 않듯, 근대의 한복판에 서있던 인천에 투영된 우리 문학의 자취를 살펴보는 일 역시 그와 다르지 않은 것이다. 이런 인천을 작가들은 어떻게 형상화했을까?

3. 근대로 가는 통로, 개항 도시 인천과 신소설

2006년 간행된 『한국근대문학풍속사전』(이하 『사전』으로 약칭)은 1905년부터 1919년에 걸쳐 발표된 소설 및 서사물들을 대상으로 소설 속에 등장하는 풍속과 관련된 어휘들을 약 2,000여개 추출하여 그 어휘들이 소설 속에서 얼마나 많이 등장하고 어떻게 사용되고 있는가를 사전 형식으로 편집한 책이다.6) 1905년부터 1919년까지 발표된 소설과 서사물 300편을 모두 조사한 큰 작업이었다. 조사된 어휘 가운데에는 우리나라를 비롯한 세계 주요 도시의 이름도 있다. 그런데 이 사전에 의하면 인천이 직접 거론되는 총 작품 수는 17작품에 이른다.7) 이 숫자는 결코 적지 않은 규모이

---

6) 이경훈 편, 『한국근대문학풍속사전』, 태학사, 2006.

7) 작품 전체의 목록을 제시하면 다음과 같다. 『혈의 누』, 『빈상설』, 『송뢰금』, 『모란병』, 『월하가인』, 『박연폭포』, 『쌍옥루』, 『해안』, 『모란봉』, 『주』, 『봉선화』, 『도화원』, 『구의산』, 『쌍옥적』, 『고목화』, 『홍도화』, 『서해풍파』 등이다. 흥미로

다. 서울은 그렇다고 쳐도 인천보다 훨씬 큰 도시이거나 전통을 자랑하는 부산이나 대구보다도 등장 횟수가 더 많다. 예컨대 인천보다 일찍 개항한 부산이 이 시기의 서사물에 등장한 작품 총수는 13편이다. 인천이 배경으로 등장하는 소설 수가 부산보다 4편이 더 많다. 인천은 서울 다음으로 우리나라 초창기 소설에서 많이 등장하는 도시 이름인 것이다. 비슷한 개항 도시인 원산과 목포, 군산과는 비교할 수준이 못 될 정도이다. 원산이 비교적 많이 등장하지만 인천에는 못 미치고 군산이나 목포는 미미한 수준이다.

근대 초창기의 한국 소설들에서 상대적으로 인천이 이렇게 많이 등장하고 있다는 것은 매우 시사적이다. 인천은 조선 시대만 하더라도 도호부都護府로서 유수부留守府나 목牧에 비하면 도시의 위상이 높지 못했을 뿐만 아니라, 근대 이전부터 지속적으로 문학의 소재가 될 만큼 문학적 전통이 강한 도시도 아니었다. 요컨대 인천이라는 도시가 근대 초창기 한국 소설 속에 자주 등장하고 있다는 것은 개항 이후 20세기 들어와 새롭게 나타난 현상이라고 말할 수 있는 것이다.

그런데 이 사전에서 등장하고 있는 어휘 중에 가장 많은

_____

운 것은 대부분의 작품들이 신소설류라는 것이다.

것이 '학교'라는 단어이고, 그 외에 '기차', '청년', '동경東京', '미국', '일본', '법률', '하나님', '사회', '신문', '편지', '여학생' 등이 비교적 자주 등장하는 어휘들이다. 이들 단어는 모두 20세기 초 한국 사회의 근대성이 형성되는 데에 나름대로의 의미 맥락이 있는 것들이다. 상식적으로 생각해 보더라도 이들 단어가 근대 사회에 들어와 새로운 사회언어학적 의미를 갖는 것들이라는 점은 쉽게 짐작할 수 있다. 대부분 근대 문명이나 근대 문화적 요소와 의미를 내포하고 있는 것들이거나 전통적인 조선 사회에서는 접할 수 없었던 현상들을 지칭하는 어휘들인 것이다.

'인천' 역시 이렇게 이 시기에 들어와 여러 작품들에 자주 등장하는 것은 의미심장한 일이다. 그것은 단순히 우연이라고 할 수 없는 것으로, 한국 사회의 근대적 전환과 관련하여 생각할 바가 있는 것이다. 그런 점에서, 이들 소설 속에서 인천이라는 도시가 어떻게 표현되고 있는지, 그리고 그것은 어떤 맥락에서 등장하고 있는지 살펴볼 필요가 있다. 다음의 인용을 보자.

① 경현이가 인력거에서 내려 기차를 한번 타매 인천 항구에 와 벌써 내렸고, 하관에서 다시 기차를 타매 동경에 와 벌써 내렸더라. (『봉선화』, 151, 152쪽, 『사전』, 254쪽에서 재인용)

② "그러면 오늘이라도 인천으로 보내서 어용선을 타고 일본으로 가게 할 것이니, 내 집은 일본 대판이라. 내 집에 가면 우리 마누라가 있는데, 아들도 없고 딸도 없으니 너를 보면 대단히 귀애할 것이니 너의 어머니로 알고 가서 있거라" 하면서 귀국하는 병상병(病傷兵)에게 부탁하여 일본 대판으로 보내니, 옥련이가 교군 바탕을 타고 인천까지 가서 인천서 윤선을 타니, 등 뒤에는 부모 소식이 묘연하고 눈앞에는 타국 산천이 생소하다. (『혈의 누』 27쪽, 『사전』 418쪽에서 재인용)

③ 개화된 이후로 전배, 후배를 늘어세우고 다니던 재상들도 구종 하나 데리기도 하고 아니 데리기도 하여 생애 길이 뚝 끊어지니, 막벌이하기로 나섰는데, 서울서는 동무가 부끄럽고 차라리 낯모르는 곳에 가 품팔이를 할 작정으로 인천 항구에 와 있던 터이라 (『빈상설』 81쪽, 『사전』 419쪽에서 재인용)

④ 그러면 잡가나 몇 마디 하겠습니다. 책망 말으십시오. 일하기 싫고요 흐응, 잠자기 좋거든 흥, 날만 따라서 인천을 가보세 흐응, 오늘도 좋구요 흐응, 내일도 놀아서 흥, 주야나 장천에 놀고나 보세요 흐응. (『모란병』 190, 『사전』 419쪽에서 재인용)[8]

---

8) 이글에서 인용된 작품의 작가와 텍스트는 다음과 같다. 텍스트는 『사전』이 저본으로 삼은 것이다. 『봉선화』, 이해조, 1913(『한국신소설전집』 3, 을유문화사, 1968), 『혈의 누』, 이인직, 1906(『한국신소설전집』 1, 을유문화사, 1968), 『빈상설』, 이해조, 1908(『한국신소설전집』 2, 을유문화사, 1968), 『모란병』, 이해조, 1911(『한국신소설전집』 2, 을유문화시, 1968).

위의 인용을 보면 인천이 소설 내용의 어떤 맥락 가운데에서 등장하고 있는지 어렵지 않게 확인할 수 있다. 그런데 ③과 ④에 비해 상대적으로 ①과 ②의 유형이 인천이 등장하는 일반적인 사례에 속한다. 즉 인천은 ①과 ②처럼 인물들의 이동 경로 속에 빈번하게 자주 등장하는 것이다. 그렇기 때문에 이때 인천은 인천항구, 기차, 화륜선, 일본 등과의 연관성 속에 놓여있다. 즉 기차를 타고 인천으로 와서 항구에서 배를 타고 일본으로 가는 여정 가운데에 인천이 등장하고 있는 경우가 많다. 이것은 1899년 개통된 경인철도와 1883년 개설된 조선-일본 간 정기 항로가 일본으로 가는 최단 코스였던 까닭도 크다.9) 인천의 이런 도시 인프라와 지정학적 조건은 인천이 일본으로 들고나는 통로와 관문으로서 역할을 하도록 만들었고 그것이 소설 속에 그대로 나타나고 있는 것이다. 요컨대 인천이 소설 속에 등장하는 맥락에서 볼 때 인천은 일본이라는 근대 문명을 향한 통로라는 점, 그리고 그것이 기차와 화륜선이라는 근대 문명의 표상물과 불가분의 관계에 있다는 점에서 의미를 갖는다. 인천은 근대국가 일본으로 가는 통로이자 이른바 개화된 문물이 모여 있는 지리적 공간으로 근대 초기 소설 속

---

9) 1883년 인천-고베 항로가 개통된 이후 1893년 오오사카, 1897년 나가사키 등과의 항로도 개통되었다. 『인천항사』, 210쪽.

에 등장하고 있는 것이다.

그런 점에서 근대 초기 인천이 등장하는 소설들이 대개 신소설들이라는 것도 생각해 볼 대목이다. 신소설이 온전한 의미의 근대소설로 보기 힘든 과도기 소설이라는 점은 이미 주지하는 바이다. 그런데 그런 소설들에서 인천이 일본으로 가는 관문이라는 형태로 자주 등장한다는 것은 시사하는 바가 있다. 즉 이들 소설 속에서 인천은 말 그대로 단순한 소재에 불과한 것이다. 항구가 있고 철도가 연결된 도시이기에 등장하는 것이지 그 이상의 의미는 없다는 것이다. 그 항구와 철도의 의미를 깊이 파고들어가거나 인천이라는 도시가 왜 그렇게 변화하게 되었는가에 대해 문제의식을 갖고 그것을 서사적 내용으로 창작된 소설은 없다. 요컨대 표피적 근대, 혹은 개화된 문물의 겉모습에만 들떠 있던 통속적 신소설들에서 인천이 자주 등장하는 것은, 인천이 바로 그런 표피적인 근대 문명의 도시 혹은 근대화에 성공한, 그래서 우리가 쫓아야 할 문명국인 일본으로 가는 통로이자 출발지였기 때문이라는 해석이 불가능한 것만은 아니다. 일례로 1920년대에 발표된 『월미도』라는 통속적 신소설은 아예 인천에 있는 섬인 '월미도'를 제목으로 내세웠는데 이 작품에서 등장하는 인천 역시 그런 전형적인 사례에 든다. 근대문명의 이기利器로 기차가 등장하고 일본으로 가기 위한 길목에서 인천이 등장하고 있을 뿐 근대 도시 인천에 대한 문학적 성찰은 찾아보기 어렵다.[10]

반면 ③과 ④의 인용은 맥락이 조금 다르다. 그것은 표피적 근대가 아니라 삶과 생활의 공간으로 인천이 소설 속에 등장하는 징후를 보이고 있기 때문이다. 사람들이 새롭게 모여 도시를 이룬 곳, 그곳에서 뭔가 새로운 기회와 라이프 스타일이 생겨나고 있음을 드러내고 있는 것이다. 실제로 초기 인천의 인구가 급성장하게 된 까닭은 인천이라는 도시가 그만큼 많은 노동력을 필요로 했기 때문이다. 조수간만의 차가 큰 인천에 근대적 항만을 축조하기 위해 특별한 항만 시설을 필요로 했고 그를 위해 많은 사람들이 이 도시로 이주하여 노동자가 되었다. 김구 선생의 『백범일지』에도 인천항 축조 공사에 동원된 당시 죄수들의 이야기가 등장한다. 김구는 일본인을 살해한 혐의로 인천에 압송되어 감옥살이를 하며 인천항 축조 공사 노역에 동원된 바 있다. 서울과 인천을 연결하는 철도공사 역시 많은 노동력을 필요로 했다. 또 항만을 축조한 뒤에는 이곳이 수출입항 기능을 했으므로 많은 하역 노동자들이 항구에서 일을 했다.

아울러 인구의 사회적 증가에 따라 유흥도 필요했을 것

---

10) 이현식, 「해제-신소설 『월미도』」, 『민족문학사연구』 34호, 민족문학사학회, 2007.

이다.11) 많은 무역 회사들이 속속 인천에 본점 혹은 지점을 설치하면서 근대적인 도시로의 급속한 전환이 이루어지기 시작한다. ③과 ④의 인용은 이런 도시의 변화와 연결된 맥락에서 인천이 등장하고 있음을 미루어 짐작케 한다. 그런데 이것이야 말로 인천이 소설의 서사적 공간으로서 의미있게 등장하는 것이라고 할 터이다. 근대 도시 인천에서 벌어지는 인간의 드라마를 통해 한국적 근대성의 단면이 드러날 수 있을 것이기 때문이다. 그렇지만 유감스럽게도 20세기 초창기의 한국 소설들은 아직 도시의 상상력과 도시적 삶을 소설로 만들어낼 힘을 갖고 있지는 못했던 것 같다. 이 시기 소설들에서는 위에 제시한 단편적 인용 이상으로 나아간 경우는 없었기 때문이다. 1930년대를 훌쩍 넘어선 뒤에라야 우리는 그런 소설들을 만날 수 있게 된다.

---

11) 여관과 요리점, 극장과 유곽 등이 개항기부터 형성되기 시작했다. 대표적인 것이 1888년 완공된 최초의 서양식 호텔인 대불호텔이다. 한편, 1931년 창기 건강진단에서 일본 창기는 1년 동안 연인원 2,516명, 조선 창기는 2,151명이 검진을 받았다. 일본 창기 중 18인, 조선 창기 중 63인이 매독 진단을 받았다. 『인천부사 완역본』(원본 『인천부사』, 인천부, 1933), 인천문화발전연구원, 2004, 1337쪽.

4. 상실된 고향과 미성년의 시선

인천이라는 도시 공간에서 이루어지는 삶의 양상이 소설
속에서 제대로 다뤄지기 시작한 것은 뒤에서 따로 살펴 볼
강경애의 장편 『인간문제』를 제외하고는 현덕玄德의 「남생
이」가 최초가 아닌가 한다. 「남생이」는 〈조선일보〉 1938년
신춘문예에 당선된 작품으로 1월 8일부터 25일까지 연재된
작품이다. 이 작품은 인천의 부둣가에서 하역노동자로 살
아가는 노동자들의 삶과, 그 노동자에 기생하며 살아갈 수
밖에 없는 노마네 가족이 겪는 힘겨운 생활의 드라마이다.
아울러 「남생이」 이외에 주목해 볼만한 작품은 1963년 발
표된 한남규韓南圭의 「바닷가 소년」이 있고 오정희吳貞姬가
1979년 『문학과지성』 봄호에 발표한 「중국인 거리」를 들
수 있다. 이들 소설들은 식민지시대와 전쟁 직후의 인천을
배경으로 한 작품들이다. 「바닷가 소년」은 전쟁으로 인천
에 정착하여 날품팔이로 살아가는 할머니와 손자의 고단한
삶이, 「중국인 거리」는 전후 인천항 근처 중국인촌에서 성
장해가는 소녀의 눈에 비친 여성의 삶이 다뤄지고 있다.
「남생이」와 「바닷가 소년」, 그리고 「중국인 거리」는 모두
작가들이 인천에 거주한 경험을 바탕으로 인천을 주요 무
대로 하여 창작된 작품들이다.

그런데 이들 작품을 일별하다 보면 흥미로운 공통점이 발견된다. 초점 화자가 모두 소년 또는 소녀로 미성숙한 존재들인 데다가 이들 모두 원주민들이 아니라는 점이다. 거론되는 소설들은 모두 고향을 떠나 호구지책으로 이 도시에 흘러들어 항구 근처에서 막노동을 하거나 밥벌이를 하는 가족들을 등장인물로 삼고 있다. 인천은 이주민들의 도시라고 불러도 될 만큼 외부로부터 유입된 사람들이 모여 도시를 형성한 곳이다.12) 소설 속의 등장인물들이 모두 외부로부터 이주해온 존재들인 것 역시 이런 사정과 무관하지 않을 것이다.

이들은 항구 근처에 터를 잡아 살아가고 있다. 항구의 부둣가는 부모들에게는 생활의 터전이고 아이들에게는 놀이터이다. 배가 떠나고 들어오는 항구의 풍경들은 주인공인 아이들에게는 그대로 구경거리이고 부둣가는 놀이터이다. 짐을 싣고 부리는 항구에서 이들의 부모 혹은 할머니는 막노동과 들병장수, 날품팔이, 그리고 직장인으로 살아간다. 가난한 삶이지만 항구가 있기에 이들은 간신히 굶주림을 모면하고 있다.

---

12) 조선이 일본에 병합되던 1910년 인천의 인구는 총 31,011명이었다. 꼭 50년 뒤인 1960년 인천의 인구는 401,473명으로 거의 13배가 늘었다. 이런 증가 추세는 자연증가가 아닌 인구 전입과 행정 구역 통합 등의 사회적 요인으로밖에 설명될 수 없다. 이준한·전영우, 앞의 책, 172~174쪽.

그런데 부모 세대에게 인천은 잠시 머무는 공간으로 다가온다. 그들은 두고 온 고향을 잊지 못한다. 고향을 떠나 이곳에 올 수밖에 없었던 이들에게 고향은 이제 회복하기 어려운 낙원이고, 고향을 잃었기에 먹고 살기 위한 생활의 장소로 항구를 찾아 온 것일 따름이다. 물론 고향을 떠난 이유는 조금씩은 다르다. 경제적 곤궁을 벗어나 돈을 벌기 위해 이곳에 왔거나 전쟁과 분단으로 어쩔 수 없이 고향을 떠났던 것이다. 그렇지만 인천에 정착한 이유는 대개 먹고 살기 위해서이다. 그러니 고향에서 살았던 기억이 있는 부모세대들에게 그곳은 행복한 삶의 원형, 원체험으로서 마음속에 자리 잡을 수밖에 없다. 현실이 고통스러운 만큼 과거 고향에서의 삶은 행복했던 공간, 좋았던 시절로 기억된다. 반면 이곳 항구 도시는 고향과는 대타적으로 언젠가는 떠나야 할 곳이거나 원망스러운 곳이지 정착해야 할 최종 기착지는 아니다.

밭가슬에 주춧돌만 남은 절터가 있는 작은 마을이었다. 메갓에는 나무가 흔하고, 산답이나마 땅이 기름지고, 살림이 가난하다 하여도 생이 욕되지는 않았고, 대추나무가 많아 가을이면 밤참으로 배불리었다. 다 그만두고라도 거기는 너 나 사정이 통하고 낯이 익은 이웃이 있고, 길가의 돌 하나, 밭 둔덕길 실개천 하나에도 어릴 때 발자국을 볼 수 있는 땅이었다. 그러나, 몇 해 전은 지금 여기서처럼 진절머리를 내던 그 땅이었고 그때는 지금처럼 이 잘난 곳을 못 잊어 하지 않았던가.[13)

　　대부분이 해가 지는 쪽 바다를 향하여 앉아서 멍하니 오른편 쪽의 하늘을 올려다보는 것이었는데 이것은 저녁 무렵이었다. 그곳에, 힘없이 푸른 그 하늘 아래 고향이 있다고 말했다. 그리고는 이따금씩 읊조리는 고향이라는 그 목소리는 그대로가 한탄이었다.[14)

　　망할 놈의 탄가루들. 못 살 동네야.
　　할머니가 혀를 차면 나는 으레 나올 뒤엣말을 받았다.
　　광석천이라는 냇물에서는 말이다. 물론 난리가 나기 전 이북에서지. 빨래를 하면 희다 못해 시퍼랬지. 어느 독(毒)이 그렇게 퍼렇겠니.[15)

　인용문 중 맨 앞의 것은 「남생이」에서 주인공 노마의 아버지가 살았던 고향마을에 대한 묘사이다. 가난하지만 사람이 사는 냄새가 나고 정이 있는 곳이 고향으로 묘사되고 있다. 가운데 인용문은 「바닷가 소년」에서 고향을 잃은 사

---

13) 원종찬 편, 『현덕 전집』, 역락, 2009, 65쪽.
14) 한남규, 「바닷가 소년」, 창작과비평사, 1992, 278쪽.
15) 오정희, 「중국인 거리」, 『20세기 한국소설 Vol. 33』, 창비, 2005, 40쪽.

람들을 그린 대목이다. 마지막은 「중국인 거리」에서 할머니가 빨래를 하며 석탄가루가 날리는 항구도시와 고향마을을 비교하며 하는 말이다. 이들 모두 떠나온 고향을 그리워하는 부모 세대들의 심정이 잘 표현되어 있다. 이 소설들에는 농촌공동체에 대한 강렬한 향수가 배어 있다. 거기에 대타적으로 도시적 삶은 먹고 사는 문제와 직결된 아비규환의 장일뿐이다.

이런 그리움의 정서는 고향 상실의 감정에서 비롯되는 것이며 따라서 회복해야 할, 혹은 되돌아가야 할 원초적 장소나 이상형으로서의 고향이 자리 잡고 있기에 가능한 것이다. 그래서 부모들은 현재의 삶에 안착되어 있지 못하고 다른 곳을 지향한다. 타향살이의 신산한 삶에 지친 존재들이 부모들인 것이다. 그것은 곧 뿌리 뽑힌 이주민으로서의 삶에 다름 아니다. 정착하지 못하고 부유할 수밖에 없는 이들의 존재는 끊임없이 배가 떠나고 들어오는 항구라는 도시 공간과 어울려 삶의 유동성을 잘 보여주고 있다.

소설 속에 등장하는 항구 도시 인천이 한국의 근대소설에서 표상되고 있는 것은 이런 유동성의 삶이고 농촌 공동체에 대한 향수이며 먹고 살아야 하는 나날의 고통이다. 매일 매일 먹고 살아야 하는 현실, 생활이 안 되면 아내가 몸을 팔아야 하고 생명이 끊어지는 순간까지 밥벌이를 해야 하는 것, 서로가 그런 삶에 아귀처럼 매달릴 수밖에 없는 집합적 삶의 현장으로서의 항구와 도시, 그것이 따지고 보면 바로 근대적인 삶의 하나일 수 있을 텐데 부모 세대들에게 그런 삶은 모두 회피하고 싶은 대상으로 다가온다. 인천이라는 도시를 대상으로 만들어진 소설들에서 근대적 삶의 현장은 부모세대에게 유동성과 기피의 대상으로 표상되고 있는 것이다.

그렇지만 소년과 소녀들에게 고향에서의 삶은 기억에 없거나 뚜렷하지 못하다. 혹은 아예 존재하지 않는 것이기도 하다. 왜냐하면 이들은 어릴 때 부모와 함께 고향을 떠났기에 고향에서의 삶은 이들의 내면에 제대로 각인되어 있지 못하다. 게다가 고향 역시 부모의 고향이지 온전한 자신들의 고향이라고도 할 수 없다. 그런 까닭에 지금 이 도시와 항구에서의 삶이 이 아이들에게는 그냥 알짜배기인 삶이다. 이곳에서 바라보는 세계가 이들에게는 전부이다. 부모세대와는 다르게 이 아이들에게 고향에서의 삶은 실체도 명확치 못하고 절대적 영향력을 행사하는 것도 아니다. 미성년이기에 이들의 삶은 아직 진행 중이고 존재 자체도 미완성인 것이다.

인천이라는 도시를 공간적 배경으로 하여 만들어진 이들 소설들이 모두 미성년의 시선에서 세상을 바라본다는 것은 그런 점에서 상징적이다. 이들은 부모 세대와 다르게 부둣가가, 항구가 그리고 바다가 놀이터이고 미지의 세계를 향한 동경의 대상일 따름이다. 미성년인 이들에게 도시는 역동적으로 다가오고 살아 움직이는 놀이의 공간이다. 아직 아이들이므로 이들은 부모세대의 곤궁하고 비루한 삶이나 비극적 상황으로부터 한결음 비켜 서 있기도 하다.

그렇기는 하나 이들 소년과 소녀들이 이 도시의 실체를 아는 것은 아니다. 이들은 아직 미성숙한 존재들이기에 이들의 삶 역시 정해진 바가 없다. 항구에 떠다니는 배들처럼, 혹은 끊임없이 출렁이는 바닷물처럼 이들도 부모들의 삶처럼 부유하고 유동적이기는 마찬가지이다. 그러나 그것은 낙원을 상실한 부모세대의 유동성과는 질을 달리 한다. 그것은 기피의 대상이거나 낙원을 상실한 절망적 삶의 공간은 아니다. 그것은 미정未定, 미성년의 유동성이다. 이들은 이런 도시를 기반으로 자신의 삶을 완성해 갈 존재들이다.

그러므로 이 소설들은 모두 성장소설의 특징을 공유하고 있다. 게다가 주인공이 가족의 죽음을 겪으며 성장해간다는 점도 유사하다. 「남생이」의 노마는 아버지를 잃고, 「바닷가 소년」은 할머니를 잃고 고아 신세가 된다. 「중국인 거리」의 소녀는 할머니의 죽음을 지켜보며 여성으로서의 자아를 어렴풋이 자각하기 시작한다. 가족의 죽음을 거치면서 이들은 자신이 부쩍 커졌다고 스스로 느낀다. 다른 한편 이들은 이성을 통해 성적 정체성도 느끼기 시작한다. 성년으로 가는 과도기로 접어들었음을 암시하는 대목이다. 「남생이」에서 노마는 영이를, 「바닷가 소년」에서 소년은 꿈에 등장하는 고향의 소녀와 선창가에서 만난 소녀를, 「중국인 거리」에서 '나'는 중국인 청년을 통해 성적 정체성을 자각하기 시작하는 것이다. 사람들이 뒤얽혀 살아가는 항구 도시에서 이들은 가족을 잃고 사람들과 부대끼며 스스로 어른으로 성장해가기 시작하는 존재들이다. 그리고 「바닷가 소년」의 마지막 장면에서 최노인이 소년에게 건네는 "넌 이제부터 혼자 살아야 돼"라는 말이 상징하듯이 근대 도시에서 홀로 한 사람의 온전한 인간 주체로서 삶을 헤쳐 나가야 하는 것이다.

농촌공동체에 대한 향수를 잊지 못하는 부모세대, 그리고 그 부모세대의 죽음과 더불어 미성년으로부터 성년에 이르는 과정에 걸쳐있는 소년과 소녀를 주인공으로 하는 이 소설들에서 인천은 근대적 삶이라는 것이 바로 다름 아닌 아비규환 속에 먹고 살아야 하는 생활의 현장임을 알려주고 있다. 이 소설들은 도시에서의 삶이란 결국 자신이 스스로 헤쳐 나갈 수밖에 없다는 것을 암시하고 있는 것이다. 배와 기차가 쉼 없이 드나들고 사람들이 바삐 움직이는 항구 도시에서 소년과 소녀들이 어른으로 성장하는 과정을 통해 인천이라는 도시는 한국 근대 문학사에서 근대적 삶의 정체를 오롯이 보여주고 있는 것이다.

5. 『인간문제』와 노동 현장

강경애姜敬愛의 『인간문제』는 1934년 8월부터 12월까지 〈동아일보〉에 연재된 장편 노동소설이다. 식민지시대 대표적인 장편 노동소설에서 인천이 주요한 무대가 되었다는 것은 시사해주는 바가 크다. 『인간문제』는 선비와 첫째, 그리고 신철을 중심으로 식민지 시대 한국 사회에서 노동자가 형성되는 과정을 보여주는 드라마이다. 요컨대 식민지 시대 농민이 노동자로 되는 과정, 진보적 지식인이 노동자로 변신하는 과정에 대한 문학적 보고서인 셈이다. 강경애가 그런 소설을 쓰면서 주요한 소설적 공간 중 하나를 인천으로 택했다는 것은 개인의 경험도 경험이지만 작가적 식견도 있다고 평가할 수 있다.16) 인천은 항구도시이면서 공업도시이기도 했기 때문이다.

---

16) 실제로 강경애는 1931년 경 남편인 장하일과 함께 인천에 거주했다고 한다. 이상경 편, 『강경애 전집』, 소명출판, 1999, 작가연보 참조.

1931년 직업별 인구를 보면 조선인 인구 51,005명 가운데 공업이 11,664명, 상업과 교통업이 15,226명으로 이 둘의 직업군을 합하면 전체 조선인 인구의 절반을 넘는다.[17] 그만큼 공업과 교통 쪽 종사자들이 많았던 것이다. 게다가 일제 당국은 1930년대 초부터 대륙침략을 위한 발판으로 서울과 인천을 주요한 공업지대로 정하고 특히 인천을 중화학과 중기계 중심의 군수산업이 집중되는 대공장 지역으로 육성하였다. 1930년대부터 미쯔비시 중공업을 비롯해『인간문제』에 등장하는 동양방적회사(소설에는 대동방적이라는 이름으로 등장한다), 히다치 제작소의 디젤자동차 공장, 조선이연理硏 고무공장과 조선이연 금속 회사 등이 들어선다.[18] 일본의 재벌들이 인천에 앞 다투어 대공장을 건설했던 것이다. 따라서 1930년을 경계로 인천은 항구도시이면서도 대단위 공장이 들어서는 공업도시로 점차 변화해갔다.『인간문제』는 그런 인천의 변화를 포착하면서 주로 노동자들의 생활에 초점을 맞추어 인천을 그리고 있다. 또 작가는『인간문제』에서 지금까지 살펴본 다른 어떤 소설들에서보다 동시대 인천의 도시 모습과 노동자들의 생활상을 리얼하게 묘

---

17) 이준한·전영우, 앞의 책, 88쪽.
18) 인천광역시사편찬위원회 편,『인천의 역사와 문화』, 인천광역시, 2003, 194~195쪽.

사하고 있다.[19]

그런데 노동자들의 투쟁과 삶에 초점을 맞춘 『인간문제』에 나타난 인천의 모습은 건강하고 활기찬 노동자들의 모습이 중심이 되면서 활력 있는 도시로 그려져 있다. 작가에 의해 '노동자의 인천', '조선의 심장 지대'로 지칭되는 인천은 선비와 첫째, 그리고 신철을 비롯한 간난이와 철수 등 노동운동을 하는 건강한 노동자들이 활발하게 활동하는 도시이다.

인천의 이 새벽만은 노동자의 인천 같다! 각반을 치고 목에 타월을 건 노동자들이 제각기 일터를 찾아가느라 분주하였다. 그리고 타월을 귀밑까지 눌러쓴 부인들은 벤또를 들고 전등불 아래로 희미하게 꼬리를 물고 나타나고 또 나타난다. 나중에 알고 보니 이 부인들은 정미소에 다니는 부인들이라고 하였다.[20]

조선의 심장 지대인 인천의 이 축항은 전 조선에서 첫손가락에 꼽힐 만큼 그 규모가 크고 또 볼만한 것이었다. 축항에는 몇 천톤이나 되어 보이는 큰 기선이 뱃전을 부두에 가로 대고 열을 지어 들어

---

19) 『인간문제』에 묘사된 인천의 모습을 당시 인천의 실제 도시 모습과 실증적으로 비교하여 연관성을 추적한 논문으로는 조남진, 「『인간문제』에 나타난 '인천'」, 인하대 교육대학원 국어교육전공 석사학위 논문, 1998을 참조할 것.
20) 강경애(최원식 책임편집), 『인간문제』, 문학과지성사, 2006. 272쪽.

서 있다. 그리고 검은 연기는 뭉실뭉실 굵은 연돌 위로 피어 올라온다. 월미도 저편에 컴컴하게 솟은 섬에는 등대가 허옇게 바라보이고 그 뒤로 수평선이 멀리 그여 있었다. 노동자들이 무리를 지어 쓸어 나온다.[21]

위 인용문은 진보적 지식인인 신철이 노동자가 되기 위해 인천에 온 후 그가 초점 화자가 되어 바라보는 인천의 모습이다. 소시민 지식인에서 노동자로 존재를 전환하려는 의지의 인물인 신철은 노동자들로 번잡스러워 보이는 도시 풍경이 오히려 희망차고 활기차게 보였을 터이다. 고된 노동에 단련되었으면서도 지치지 않는 그들의 건강성을 인상 깊게 바라보는 모습도 자주 등장한다. 그 가운데에 신철은 첫째와 만나고 첫째는 신철을 통해 각성된 노동자로 변화하게 되는 것이다.

강경애는 인천을 노동자의 시각에서 그리면서 대공장과 부두 노동자들의 노동운동을 집중적으로 부각시켰다. 상대적으로 공장주나 경찰 같은 지배 세력의 모습은 거의 등장하지 않는다. 따라서 『인간문제』에 등장하는 인천의 모습은 공업 도시이면서 노동의 활력이 넘치는 곳으로 묘사되

---

21) 강경애, 앞의 책, 282~283쪽.

어 있다. 『인간문제』의 인물들인 선비와 첫째, 그리고 간난이는 시골인 용연에서 온갖 설움과 박해를 받으며 고향을 떠날 수밖에 없었던 존재들이다. 이들이 고향을 떠나 일거리를 찾아 흘러들어와 터를 잡고 살아가면서 각성된 노동자로 변화하는 곳이 인천이다. 비약일 수도 있겠지만 앞에서 살펴본 미성년의 소년과 소녀들이 성장하여 노동자가 된 도시가 인천이다. 이들은 비극적으로 삶을 마무리하기도 하고 다시 투쟁의 고삐를 한층 조이기도 한다. 인천은 이런 노동자들이 살아가는 도시이다. 『인간문제』는 노동 현장의 문제를 인천이라는 도시 공간과 공장지대를 배경으로 채택함으로써 소설적 구체성을 획득하였다.

　『인간문제』에 그려진 인천은 한국 근대 문학사에서 매우 중요한 소설적 공간으로 표상되었다고 말할 수 있다. 근대 산업자본에 의해 본격적으로 도시로 성장한 이곳에서 근대 자본주의의 모순이라고 할 수 있는 노동의 문제가 제기되고 있기 때문이다. 인천이 개항으로 근대 문물을 받아들인 도시로 표상되는 한편, 이렇게 근대의 모순이 집결되는 공간으로 도시가 그려진 것은 의미심장하다. 한국 근대 문학이 인천이라는 도시 공간을 노동자의 도시로 새롭게 발견하는 것은 우리 삶의 문제인 근대의 문제를 지금까지와는 다른 패러다임으로 접근한 결과이다. 근대가 직면한 문제를 근대 자본주의를 넘어서는 방식으로 극복함으로써 새로운 사회를 보여주려 했던 노력 가운데에 인천이라는 도시가 발견된 것인데, 비로소 『인간문제』를 통해 인천은 한국 근대문학사에 인상적으로 각인된 것이다.[22]

6. 나가며

인천은 조선 시대까지만 하더라도 작은 어촌이었다. 1883년 개항과 더불어 말 그대로 근대도시로 성장한 곳이다. 그러나 근대도시로 성장했다는 것이 꼭 긍정적인 의미만 지니는 것은 아니다. 개항 이후 인천이 근대 도시로 성장해 간 것은 인천이 안고 있는 지정학적 이유가 크겠지만 그런 조건을 십분 이용하려고 한 일제 당국의 정책적 의지에 의한 측면이 크다. 서울로 가는 뱃길과 육로를 개척하기에 인천이 가장 유리했었고 효율적인 식민지 지배를 위해서는 인천이 주요하고도 우선적인 거점이 될 수밖에 없었다. 아

---

22) 인천이 강경애의 『인간문제』에서 다뤄졌던 방식으로 다시 등장하는 것은 50년을 훌쩍 건너 뛴 1980년대부터이다. 조세희의 『난장이가 쏘아올린 작은 공』을 필두로 정화진, 방현석 등이 인천을 무대로 노동 현장의 문제를 다룬바 있다. 이들 소설에서도 공업도시 인천의 모습은 크게 달라지지 않았다. 여전히 노동자들은 자본가와 맞서 싸우고 그곳에서 희망과 절망을 모두 맛보기도 한다.

울러 그런 지정학적 조건은 인천이 산업화의 전진기지로서의 역할을 하도록 만들었다. 항구에 인접한 도시, 수도권의 대규모 인구를 배후로 하고 있는 도시로서 각종 공장이 들어서기에 맞춤인 곳이 인천이었다. 식민지 시대 산업화 과정에서 인천은 항구도시인 동시에 공업도시로 성장해 갔다.

그런 점에서 인천이라는 도시가 한국 소설에서 어떻게 표상되고 있는가는 한국적 근대의 모습을 되돌아보는 일이기도 하며 한국문학이 근대의 문제를 어떻게 내면화하고 있는지를 따져보는 구체적 지점일 수 있다.

20세기 초창기의 신소설들에서 인천은 서울을 제외하고는 한국의 어느 도시보다 소설 속에 자주 등장하지만 그것은 허상의 근대를 향한 통로에 그칠 뿐이었다. 작가들은 인천 자체에 주목하기보다 일본으로 가는 통로로서 인천을 끼워 넣은 것일 따름이지 인천이라는 도시 공간과 거기에서 살아가는 사람들의 삶의 문제를 서사의 대상으로 삼지는 못했다.

이후 인천은 소설가들의 주목의 대상은 아니었다. 인천을 놓고 노래한 시인은 적지 않았지만 소설가들이 인천을 주목의 대상으로 삼은 건 20세기 초에 비하면 상대적으로 많지 않다.23) 물론 인천의 도시 공간에 대해 소설의 서사적 대상이라기보다 시적 발화의 대상이 되었다는 점도 생각할 문제이기는 하다. 근대가 만들어 놓은 도시의 장면을 놓고 시적인 반응은 즉발적으로 나올 수 있었지만 이를 심사숙고하여 서사로 엮어내기에는 간단치 않았을 것이다.

어쨌거나 한국의 근대 소설이 여전히 도시적 상상력에서는 취약했었다는 점을 부인하기는 어렵다. 도시 노동자들의 삶에 주목하고 도시적 삶의 근대성을 본격적으로 다룬 소설들은 많지 않은 것이다. 강경애의 장편 『인간문제』가 인천의 노동자들을 대상으로 삼은 정도, 혹은 박태원의 「소설가 구보씨의 1일」이나, 이상李箱의 일련의 소설들이 도시적 삶의 문제를 다룬 정도가 그래도 주목할 만한 수준이지 않을까 싶다.

그럼에도 불구하고 강경애의 『인간문제』는 식민지 시대 소설로는 드물게 공업도시 인천의 면모를 잘 드러내었다. 이곳에서 살아가는 노동자들의 투쟁을 다룸으로써 『인간문제』는 인천이라는 구체적인 소설 공간을 배경으로 근대성의 중요한 한 측면인 노동과 자본의 대립을 형상화시켰다. 소설적으로 여러 한계가 있음에도 불구하고 이렇게 도시 공간 속에서 살아가는 노동자들의 삶을 다룸으로써 소설적

---

23) 이에 대해서는 이희환, 「개항과 근대, 식민과 분단 사이에서」, 민족문학사연구소 엮음, 『춘향이 살던 집에서, 구보씨 걷던 길까지―한국문학산책』, 창비, 2005를 참조할 것.

구체성을 얻는 데에 성과를 거둔 것이다. 이 소설에서 인천은 노동자의 도시로서 표상되고 있다. 인천은 근대 자본주의 사회의 모순을 극복할 수 있는 노동의 도시로 상징되는 것이다.

한편, 현덕의 「남생이」나 해방 이후 한남규의 「바닷가 소년」, 오정희의 「중국인 거리」는 다른 시각에서 인천이라는 도시 공간에 착목하여 그곳에서 살아가는 사람들의 삶의 문제를 형상화한 수작들이다. 이 소설들에서 다뤄지고 있는 항구 도시 하층민들의 삶과 소년·소녀의 시선은 인천이라는 도시의 근대적 성격을 잘 드러내 주고 있다. 정착하지 못하고 부유하는 삶으로서 항구 도시의 생활, 고향을 상실한 이주민들의 도시, 그리고 아직 채 성인이 되지 못한 미성년이 바라보는 도시적 삶의 시선을 이 소설들은 공통적으로 내포하고 있다. 고향을 상실하고 현재의 삶을 원망하는 부모세대의 이주자들과 도시 속에서 성장해가는 소년과 소녀의 미정형의 유동성이 대조적으로 드러나고 있다. 이는 농촌공동체에 대한 강렬한 향수와 새로운 도시적 삶에 대한 미지의 동경이 교차되는 것으로도 해석될 수 있는데 인천이라는 도시를 배경으로 한국적 근대성이 그렇게 문학적으로 표상된 것이라 할 수 있다.

물론 강경애를 비롯한 현덕과 한남규, 오정희 소설에 투영된 인천의 모습은 단일한 것은 아니다. 그것은 도시로서 인천의 다양한 모습을 보여주고 있다. 근대 공업도시로서의 면모도 있고 항구도시로서의 특성도 드러난다. 이들 사이의 특별한 연관이 따로 있는 것은 아니다. 인천이 도시로 변화해가는 과정에서 다채로운 모습들이 나타나는 것이라고 범박하게 발할 수 있겠지만, 오히려 우리가 주목해 볼 것은 한국 사회에서 근대 도시가 안고 있는 문제들, 즉 자본과 노동의 대립, 이주민의 문제 등이 이 소설들에서는 매우 전형적으로 나타나고 있다. 그것은 한국 사회에서 인천이라는 도시가 갖고 있는 특성으로부터 말미암는다고 할 수 있을 것이다.

더 읽어볼 책들

• 강경애(최원식 책임 편집), 『인간문제』, 문학과지성사, 2006.

이 책은 본문에서도 주요하게 다룬 바 있듯이 인천을 주요 배경으로 한 소설이다. '선비'라는 여주인공을 중심으로 그녀의 일생을 다루고 있다. 시골 소작농의 딸로 태어나 여성 노동자로 성장해 가는 과정을 장편소설로 그려내었다. 농민이 노동자로 바뀌는 과정, 평범한 여성이 각성된 노동자로 다시 태어나는 과정을 여러 인간 군상들과 함께 감동적으로 그려내었다.

• 한남규, 「바닷가 소년」, 창작과비평사, 1992.

인천 출신의 소설가인 한남규 선생이 인천을 주요 무대로 하여 쓴 소설집이다. 모두 열 네 편의 단편소설이 실려 있다. 표제작 「바닷가 소년」을 비롯하여 많은 작품들이 인천을 무대로 하고 있다. 그는 세상에 대한 따뜻한 시선으로 우리들의 이웃의 삶을 섬세하게 그려내고 있다. 1993년에 세상을 떠났으나 이 소설집은 여전히 스테디셀러로 남아있다. 그럴 수 있었던 것은 역사적 현실과 사회적 문제에 대해 눈감지 않으면서도 사람살이의 정겨움을 잘 형상화해내었기 때문이다.

• 이희환, 『문학으로 인천을 읽다』, 작가들, 2010.

문학연구자인 이희환 박사가 인천을 무대로 한 문학작품들과 인천 출신의 문인들에 대해 쓴 책이다. 시, 소설, 희곡 등 장르를 구별하지 않고 인천을 다룬 여러 문학작품을 모아 상세한 해설과 연구를 곁들인 책이다. 1부는 개항부터 해방까지의 작품들과 문인을 다루었고 2부는 해방이후부터 현재까지를 대상으로 하고 있다. 저자는 인천의 도시 공간 곳곳을 둘러보며 그곳들이 어떻게 문학작품으로 형상화되었으며 그것이 어떤 의미를 갖는지 탐구하고 있다. 발로 쓴 인천 문학의 현장이라고 할 수 있을 만큼 인천 곳곳을 누비는 필자의 발길에 인천에 대한 애정이 잘 녹아있다.

• 김창수 엮음, 『인천의 산책자들』, 다인아트, 2005.

인천발전연구원 도시인문학센터 소장으로 있는 엮은이가 인천을 다룬 수필과 기행문, 보고문 등을 가려 뽑아 만든 책이다. 개항부터 해방에 이르는 시기까지 인천을 방문했거나 인천에 살았던 사람들이 바라본 인천의 풍경, 풍속 등을 책 한 권으로 손쉽게 만나볼 수 있다. 인천을 방문한 서양인들과 인천에 거주했던 일본인들의 글들도 함께 실려 있어서 더욱 흥미롭다. 전통시대의 인천에 대한 글도 부록에 따로 실려 있는데 그런 점에서 인천을 다양한 시각으로 다룬 글들을 한꺼번에 읽어볼 수 있는 책이다.

• 이현식, 『인천담론-인천정담』, 리토피아, 2012.

이 책은 인천의 과거와 현재, 인천의 문화를 만화경처럼 다룬 것이다. 이 책은 인천이 지향하는 도시의 미래로부터 인천의 문화사, 인천에서 활동하는 예술가들에 이르기까지 인천의 여러 면들을 다채롭게 담아내고 있다. 강화와 부평, 인천의 문화적 과제와 쟁점, 인천이라는 도시에 대한 단상들을 두루 화제로 삼고 있어서 현재 인천의 문화가 어느 정도에 이르고 있는가를 잘 알 수 있게 도와준다.

한국 근대소설에
나타난 인천

이경재

서울대학교 인문대학 국문학과를 졸업한 뒤, 같은 학교 대학원에서 박사학위를 받았다. 현재 숭실대학교 인문대학 국어국문학과 교수로 있다. 『단독성의 박물관』, 『한설야와 이데올로기의 서사학』, 『한국현대소설의 환상과 욕망』, 『끝에서 바라본 문학의 미래』, 『한국 프로문학 연구』, 『현장에서 바라본 문학의 의미』 등의 단독저서가 있다.

한국 근대소설에 나타난 인천

1. 들어가는 말

　인천을 하나의 통일된 인상으로 묘사한다는 것은 불가능하다. 그것은 이제 한국을 넘어 세계의 메트로폴리스가 되어버린 도시가 갖게 마련인 복잡성 때문이기도 하지만, 인천만이 지닌 혼종성과 잡종성 때문이기도 하다. 이러한 혼종성과 잡종성은 식민지, 분단, 전쟁, 산업화로 이어지는 과정에서 인천이 겪은 엄청난 속도의 변화 때문이라고 할 수 있다. 인천의 어느 골목 어느 마을을 가보아도 몇 십 년은커녕 10년 전 모습 그대로인 곳은 찾아보기 힘들 정도이다. 100미터 달리기 선수가 전력질주라도 하는 모양새로 앞만 보고 힘차게 달려온 것이 바로 인천이다. 그리하여 단일한 모습의 인천은 어디에도 존재하지 않는다. 더군다나 바다와 육지, 공장과 농촌, 도심과 변두리, 국제도시와 산동네, 유원지와 공단 등의 다양성까지 아우르는 것이 인천이라고 한다면, 인천은 그야말로 거대한 잡종이라고 밖에는 달리 표현할 길이 없다.

우리 문학에서도 인천의 얼굴은 실로 다양하다. 인천이 한국문학에서 주요한 배경으로 등장한 것은 근대에 들어오면서부터이다. 1883년 1월 인천은 부산, 원산에 이어 세 번째로 개항을 한다. 이후 인천은 서울의 인후咽喉라는 지정학적 특징까지 더해져 서구의 근대문물이 들어오는 관문이자 제국주의 국가들의 침략 거점으로 자리 잡게 된다. 개항과 더불어 인천은 한국을 대표하는 근대적인 도시로 변모하였고, 이러한 상황은 자연스럽게 인천을 한국근대문학사의 중심적인 장소로 만들었다. 그리하여 최초의 신소설인 「혈의 누」에서부터 인천은 주요한 장소로 등장한다. 청일전쟁의 혼란 중에 옥련을 도와준 일본 군의관은 옥련을 인천으로 보내서 어용선을 타고 자신의 집이 있는 일본의 대판大阪으로 보낸다.[1]

---

1) 이해조는 『빈상설』(1907)에서 인천을 국적불명의 도시라는 부정적 인식을 드러내었고, 『모란병』(1911)에서는 인천을 타락한 도시로 그리고 있다(이희환, 「문학으로 인천을 읽다」, 『작가들』, 2010, 48~49쪽). 이러한 이해조의 작가의식은 인천이 다른 도시보다 서구 문물을 먼저 받아들인 역사적 사실과 관계된다.

이 글은 한국근대소설에서 인천이라는 지역2)이 어떻게 표상되었는지를 살펴보고자 한다. 지역이 문학에 등장할 경우 그것은 하나의 색인 기능에 그치는 경우도 있다. 구체적인 장소들은 단순한 장식이나 지명이 가지는 고유성으로 작품에 삽입되는 경우가 있는 것이다. 이러한 색인으로서의 장소는 지역의 구체적 삶과 생활양식이라는 맥락으로 연결되지 못하는 한계를 지닌다. 본고에서는 인천이 색인으로 등장하는 경우는 제외하고, 인천이 '경험으로서의 장소'로 등장하는 작품들을 집중적으로 살펴보고자 한다. 강경애의 『인간문제』와 현덕의 「남생이」로부터 오정희의 「중국인 거리」와 한남규의 「바닷가 소년」, 조세희의 『난장이가 쏘아올린 작은 공』과 1980년대 정화진과 방현석의 노동 소설에 이르기까지 인천은 한국 근대문학의 핵심적인 현장이었음에 분명하다. 이번 강의에서는 한국 근대소설에

---

2) 로컬(local)은 본래 지방으로도 지역으로도 번역될 수 있다. 지역이 중앙과의 관계 속에서 수평적이며 가치중립적 의미를 지닌다면, 지방은 중앙과의 관계 속에서 수직적이며 위계적 의미를 지니고 있다(이상봉, 「인문학의 새로운 지평으로서 '로컬리티 인문학' 연구의 전망」, 『로컬리티 인문학』 창간호, 부산대 한국민족문화연구소, 2009.4). 지역은 탈위계적이고 탈중심적인 의미가 담겨 있는데 반해 지방은 중심 대 주변의 위계질서를 함축하고 있는 것이다. 지역의 관점에서 보면 중앙 또한 지역의 하나일 뿐이다. 지방이 장소를 중앙으로부터 이러저러한 거리에 있는 공간으로 추상화시키는 것과 달리 지역은 장소의 장소성, 곧 장소와 삶의 구체적 연관성을 환기한다. 자연스럽게 지방을 강조하면 지방주의(localism)로 빠지게 되며, 이때의 지방주의는 기본적으로 식민주의적 (무)의식과 긴밀한 관련을 맺게 된다(하정일, 「지역·내부 디아스포라·사회주의적 상상력 -김유정 문학에 관한 세 개의 단상」, 『민족문학사연구』 47호, 2011, 84~86쪽).

나타난 대표적인 인천의 얼굴 세 가지를 살펴보고자 한다.

2. 대표적인 노동의 도시

강경애(1906~1944)의 『인간문제』는 1934년 8월 1일부터 같은 해 12월 22일까지 〈동아일보〉에 연재된 장편소설이다. 식민지 시기 조선 현실을 반영한 소설로서 『인간문제』와 어깨를 나란히 할 수 있는 작품으로는 염상섭의 『삼대』, 채만식의 『탁류』, 이기영의 『고향』, 한설야의 『황혼』 정도를 꼽을 수 있을 뿐이다. 더군다나 그 서사가 담고 있는 문제의식의 폭과 깊이를 고려한다면, 강경애의 『인간문제』는 한국근대사의 걸작이라 불러 무방할 것이다. 이러한 성취의 한복판에 식민지적 근대화의 한 상징으로서 인천이 놓여 있다는 것을 아는 이는 그리 흔하지 않다. 강경애의 『인간문제』는 한국소설사에서 가장 정밀하고 의미 있게 인천을 다룬 사례이다.

강경애의 『인간문제』에서 근본적인 인간문제는 인간 생존의 문제이고, 그것은 인간 노동을 둘러싼 생산관계의 문제로서 나타난다. 이러한 문제의식은 인천을 다룸에 있어서도 마찬가지이다. 이 작품은 인천을 다루었으되, 그것은 어디까지나 인천을 둘러싼 노동과 생산관계의 문제를 중심으로 해서이다. 인간의 문제를 근본과 지엽으로 나눈다는 것 자체가 오늘의 시각에서는 구식으로 보이기도 하지만, 강경애가 지닌 문제의식의 시대적 진정성 만큼은 높이 살 만하다.

『인간문제』의 공간적 배경은 농촌(황해도 용연)과 도시로 나뉘어 있고, 도시는 다시 서울과 인천으로 나뉘어져 있다. 1회부터 56회까지는 용연, 57회부터 68회까지는 서울, 69회부터 76회까지는 용연, 77회부터 81회까지는 서울, 82회부터 89회까지는 인천, 90회부터 91회까지는 서울, 92회부터 111회까지는 인천, 112회부터 115회까지는 서울, 116회부터 120회까지는 인천으로 되어 있다. 전체적인 서사의 흐름을 정리한다면, 용연에서 출발한 서사는 서울을 거쳐 인천에서 종결된다고 말할 수 있다. 이 작품은 노동자의 각성 과정을 그리고 있는데, 용연이라는 농촌 공간이 민초들의 즉자적 상태를 그렸다면, 인천은 깨어 있는 노동자들의 대자적 의식을 바탕으로 했다고 말할 수 있다.

그 중에서도 인천에서 겪는 고통은 본격적인 임노동을 둘러싼 자본주의 사회의 근본 문제에서 비롯된다. 이러한 과정에서 노동자들은 자연스럽게 각성된 인간들로 새롭게 태어나는데, 이러한 과정이 강경애의 『인간문제』에는 비교적 자연스럽게 이루어지고 있다. 일본인 공장주와 감독의 횡포 등이 그들을 필연적으로 사회의식에 눈 뜬 각성한 노동자로 만들어내는 것이다. 이 작품에서는 식민지 시기 억압의 가장 큰 근원이라고 할 수 있는 일제의 존재 역시 여러 가지 방식을 통해 드러내고 있다.

『인간문제』가 인천을 배경으로 하면서, 가장 중요하게 삼는 장소는 바로 대동방적이다. 대동방적 공장은 일본 동양방적 인천공장을 모델로 하였다. 만석정 매립지에 소재한 공장은 1933년 말에 완공, 이듬해부터 조업을 시작했다.3) 강경애는 이 공장의 소재지를 '만석정萬石町(현 만석동)'에서 '천석정'으로, 이름은 '동양방적'에서 '대동방적'으로 변형했다. 1882년 일본 근대산업의 아버지로 일컬어지는 시부자와 에이이치에 의해 창립된 오사카 보세키大阪紡績를 모체로 하는 동양방적은 만주사변 이후 일본 독점 자본의 식민지 진출 물결 속에 인천 공장을 신축했던 것이다. 주로 군복을 비롯한 군수품과 관수용품 공급을 겨냥한 저급 면직물의 대량 공급에 이바지한 동양방적은 해방 이후에도 한국의 대표적인 방직공장으로 자리 잡았으니, 1978년 노조 탄압을 둘러싼 여공들의 투쟁으로 유명한 동일방직이

---

3) 이상경, 『강경애』, 건국대출판부, 1997, 122쪽.

그 후신이다.[4)

강경애는 식민지 조선의 가장 산업화 된 도시로서 인천을 선택하고 있다. 그리고 그 속에서 식민지의 고통과 모순을 꿰뚫어 나갈 수 있는 희미한 가능성이라도 열어 놓고자 안간힘을 썼다. 인천은 식민지 시기는 물론이고 해방 이후에도 조국 근대화의 동력으로서, 한국을 대표하는 공업도시로서의 면모를 보여주었다. 그리하여 해방 이후에는 정화진의 「쇳물처럼」, 「규찰을 서며」, 「양지를 찾아서」와 방현석의 「새벽출정」, 「내일을 여는 집」, 「또 하나의 선택」으로 이어지는 하나의 원형이 된다고 볼 수 있다. 이들 소설에서 인천은 중요한 공업의 도시, 노동자의 도시로 그려지고는 했다.

인천을 배경으로 한 방현석의 소설들은 노동자의 계급의식과 분할 논리의 중지와 보편성의 구성으로서의 민주주의에 대한 열망으로 채워져 있었다. 루카치가 말한 노동자의 계급의식이란 자본주의 사회 구조 자체가 노동자계급의 전체적인 이해에 반하기 때문에, 노동자계급의 진정한 이해는 자본주의를 극복하고 노동자계급이 자본가계급의 정치적, 경제적 지배로부터 해방되는 사회를 건설하는 데 있다

4) 최원식, 「<인간문제>, 사회주의리얼리즘의 성과와 한계」, 강경애, 『인간문제』, 문학과지성사, 2006, 404쪽.

는 것이다.[5] 방현석의 소설에서 노동자들은 자본가들뿐만 아니라 국가권력을 포함한 사회 전체의 기득권 세력과 적대적 관계를 형성한다. 노동자의 파업은 대공對共과에서 다루어지며, 「또 하나의 선택」에서 가구공장에 다니는 석철이 제품을 만들고 버려진 나무조각으로 아이의 장난감을 만들어 준 일은 절도죄로 둔갑한다. 「새벽출정」의 철순, 민영, 미정 등은 "결코 사장과 자신들은 같은 줄에 서 있을 수 없음을, 7, 8년이 아니라 70년, 80년을 다녀도 그들이 서야 할 줄은 노동자의 대열"(59)임을 뼈아프게 인식한다.

루카치는 노동계급과 자본주의의 적대성을 인식하는 혁명적 계급의식이 진정한 의식인 데 반해, 직접적인 경제적 이해는 노동자의 허위의식으로 경시하였다. 그런데 이렇게 경시된 직접적인 경제적 이해야말로 지배 계급인 자본가계급이 노동자계급을 저항과 혁명으로부터 체제 내부로 포섭해 들이기 위해 우선적으로 활용한 지배 양식이었다. 실제로 방현석의 소설에서 자본가의 가장 강력한 무기는 노동자들의 경제적 이해를 이용하는 것이다.

「새벽출정」의 사장은 노동청을 통해 협상을 제의해온다. 농성조합원 65명에게 2억의 보상금을 주고, 중앙일간지 두

---

5) 게오르그 루카치, 『역사와 계급의식』, 박정호·조만영 옮김, 거름, 1986.

곳에 사과광고를 싣겠다는 것이다. 나아가 노동청은 조합원 전원의 타회사 취업을 책임지겠다고 제안한다. 그러나 그들은 "2억, 너무나 큰돈입니다. 그러나 우리가 원했던 돈은 인간다운 삶을 이어나가기 위한 것이었을 뿐, 돈에 대한 탐욕이 아니었습니다. 우리는 부자가 되려고 했던 게 아닙니다. 인간답게 살고 싶었던 것뿐입니다. (중략) 이제 우리는 화해를 믿지 않습니다. 우리는 오직 불타는 적개심으로, 비타협적으로 싸울 뿐입니다."(91)라며, 이를 단호하게 거부한다.

「또 하나의 선택」(『창작과비평』, 1991년 가을호)은 최근 활발하게 논의되는 랑시에르적 의미의 민주주의, 즉 분할 논리의 중지와 보편성의 구성으로서의 정치를 훌륭하게 서사화한 작품이다. 처음에 석철을 비롯한 조합의 간부들은 랑시에르가 비판한 분할의 논리를 그대로 반복하고 있다. 랑시에르는 진보주의가 대중들을 한갓 교육의 대상으로 삼음으로써 분할의 논리를 반복했다고 비판한다. 그는 정치에서의 평등은 도달점이 아니라 출발점에 해당하며, 지배자들의 분할 논리에 맞서 '우리도 당신들과 마찬가지로 보고 느끼고 생각하는 존재'라고 주장해야 한다고 본다. 이것이야말로 인간들의 근원적 평등에 대한 긍정이다.[6] 그러나 「또

---

6) 박기순, 「포스트-알튀세르주의자들, 주체 개념을 중심으로」, 한국철학사상연구회, 『다시 쓰는 맑스주의사상사』, 오월의봄, 2013, 363~367쪽.

하나의 선택」에 등장하는 조합간부들은 조합원을 평등한 투쟁의 주체가 아닌, 자신들의 지도가 필요한 계몽의 대상으로만 여겼던 것이다.

한형의 조언을 참고하여 석철은 식당문제를 부서별 현장토의에 붙이고, 부서별 종합토론의 결과는 식당이 개선될 때까지 노동자들이 직접 취사하여 식사문제를 해결하는 것이다. 언제나 투쟁에서 소외되었던 아주머니들마저 이 투쟁에 자발적이고 적극적으로 참여하여 활력을 불어넣는다. 결국 열흘 만에 정수태 사장은 손을 들고 노동자들의 요구를 들어준다. 이후에도 일반 노동자의 창조성과 사유는 빛난다. 석철이 수감되었을 때도 랑시에르적인 의미의 정치는 계속된다. 이 작품에서 감옥은 정치범들이 수용된 8사동과 개털이라 불리는 일반 형사범들이 수용된 5사동으로 구분된다. 그러나 서사가 진행되면서, 5사동과 8사동의 구분은 무화되어 버린다. 「또 하나의 선택」에서는 5사동과 8사동이라는 분할의 질서 속에서, 야비하고 지저분한 이야기나 하며 '흉측한 죄인'에 불과하다고 인식되는 형사범들 역시 정치범들만큼이나 올곧은 의식과 단단한 의지의 존재들임을 보여줌으로써, 진정한 평등을 가시화하고 있다.

이러한 방현석의 작품은 인천을 거의 실명 그대로 등장시키고 있다. 이것은 방현석이 인천에서 10여년이 넘게 노

동현장에서 활동한 이력을 반영한 결과이기도 하다. 「새벽
출정」에서 미정과 민영은 파업 자금 삼백만원을 빌리기 위
해 똥바다 뚝방길을 따라 선홍정밀로 간다. 이 작품에서 인
천 주안 7공단과 8공단 사이를 가로지르고 누운 이 똥바다
는 다음과 같이 묘사된다.

　　만조가 되면 뚝방까지 차오른 바닷물이 출렁거렸다. 물이 빠져
　나가는 간조가 되면 시커멓게 더럽혀진 개펄은 흉측스런 등짝을 드
　러냈다. 개펄 언저리 곳곳엔 밤사이 몰래 버린 공단 폐기물들이 산
　더미를 이루었다. 버려진 폐수와 오물, 쓰레기들의 썩는 냄새가 소
　금냄새와 뒤섞여 코를 찔렀다. 똥바다라 이름하기에 조금도 부족함
　이 없는 이 개펄의 뚝방을 그래도 갈 곳 없는 공단 사람들은 휴식처
　로 삼았다. (57쪽)

이들이 일터인 세광물산은 인천 주안 7공단에 위치하고
있으며, 조합원들이 투쟁자금을 마련하기 위해 커피를 팔
던 곳은 인천의 전철역이다.
「내일을 여는 집」에서 해고노동자인 성만은 송림동 산 27
번지의 문간방에서 아내 아들과 함께 살아간다. 자신 대신
집안의 생계를 책임지기 위해 봉제공장에 취직한 아내를 위
해 저녁을 준비하러 들른 곳은 송림동 시장이다. 해고노동

자인 성만은 블랙리스트에 이름이 올라 다른 공장에 취직하는 것도 불가능하다. 그로 인해 어느 날인가는 "동인천으로 날일이라도 하러 가리라 작정"(116)을 하기도 하며, 그가 집에 가기 위해 타는 버스는 도화동 고갯길을 지난다. 이 작품의 주요 배경인 송림동 비탈길은 다음처럼 묘사된다.

> 가뜩이나 좁은 집앞 골목은 성만이 들어서자 꽉 찼다. 아이를 안은 데다 파카의 부피까지 해서 몸을 움츠려도 양쪽 팔이 담벽에 닿았다. 좁은 골목을 빠져올라가자 지나온 집의 지붕이 발아래로 내려다보였다. 눈길을 돌리자 성만의 집이 바로 들어왔다. (137쪽)

「또 하나의 선택」은 앞의 두 작품만큼 인천의 로컬리티가 강하게 드러나지는 않지만, 주인공 석철이 사는 곳은 임학동 산 43번지이다. 이처럼 방현석의 대표적인 노동소설은 모두 인천을 배경으로 창작된 것임을 확인할 수 있다.

3. 가난한 아이들의 도시

현덕의 「남생이」는 1938년 〈조선일보〉 신춘문예 당선작으로서, 인천 문학을 떠올릴 때 늘 거론되는 작품이다. 이 작품의 서두는 인천의 해안가 빈민촌을 묘사하는 것으로 되어 있다.

> 호두형으로 조그만 항구 한쪽 끝을 향해 머리를 들고 앉은 언덕, 그 서남면 일대는 물미가 밋밋한 비탈을 감아 내리며, 거적문 토담집이 악착스럽게 닥지닥지 붙었다. 거의 방 하나에 부엌이 한 칸, 마당이라 것이 곧 길이 되고, 대문이자 방문이다. 개미집 같은 길이 이리 굽고 저리 굽은 군데군데 꺼먼 잿더미가 쌓이고, 무시로 매캐한 가루를 날린다. 깨어진 사기요강이 굴러 있는 토담 양지쪽에 누더기가 널려 한종일 퍼덕인다. (61쪽)

그러나 「남생이」의 배경이 인천의 해안가라는 것은 그의 생애를 비춰볼 때 부인하기 힘든 엄연한 사실이다. 서울 삼청동에서 태어난 현덕이 인천과 인연을 맺게 된 직접적인 이유는 불우했던 유년의 가정형편으로 인해 자주 몸을 의탁했던 당숙의 집이 인천에 있었기 때문이다. 조부대에는 권세와 부귀가 대단했던 집안이지만, 현덕의 부친 현동철은 사업을 명목으로 가산을 모두 탕진해버린다. 부친은 패가한 호화 자제의 전형이어서, 사대주의요, 투기적이요, 또 극히 호인이며 낙천가이어서 자기는 매사에 실패를 거듭하면서도 사업을 꿈꾸며 경향으로 돌고 가사엔 불고하였다. 그 사이 이리저리 집을 옮긴 횟수가 이십여 회, 살림을 그만두고 식구가 각자도생으로 헤어지길 수삼회였다고 한다. 그럴 때마다 현덕은 조부나 당숙의 집으로 돌며 몸을 붙였다.

「신춘현상문예입선자약력」(〈조선일보〉, 1938.1.7.)에는 현덕의 주소가 仁川 龍岡町 7/1번지로 되어 있고, 「신진작가좌담회」(『조광』, 1939.1.)에서 「남생이」가 인천에 있을 때 조선일보 신춘문예모집이란 사고를 보고 자신의 역량을 시험해 보기 위해 창작한 것이라고 발언하고 있다. 이로 미루어 볼 때, 현덕의 소설가로서의 등단작인 「남생이」와 「층」의 배경은 인천 해안의 빈민굴이라고 볼 수밖에 없다. 안회남은 "朴泰遠氏는 京城市內의 淸溪川 川邊風景을 맡고 「남생이」作者 玄德氏는 仁川 海岸의 貧民 生活을 차지해도 괜찮흘 것"[7] 이라고 하여, 「남생이」의 무대가 인천 해안의 빈민촌임을 말한바 있다.[8]

---

7) 「현문단의 최고수준」, <조선일보>, 1938.2.6.
8) 이경재, 「현덕의 생애와 소설 연구」, 『관악어문연구』 29권, 2004, 487~512쪽. 현덕의 당숙에 대한 상세한 연구는 원종찬에 의해 이루어졌다. 현덕은 대부 공립보통학교에 다닌 것을 시작으로, 성인이 되어서도 당숙의 집에 자주 머물렀다. 신춘문예에 당선되었을 때, 기록되어 있는 주소 역시도 당숙의 집으로 되어 있다. 당숙 현동순은 대부도와 남양주 일대에 땅이 많았고, 인천에서 미곡상을 관리하는 객주를 하고 있었다. 동순의 부친 성택도 인천에서 상해 등을 오가는 상선무역을 했으니, 인천을 통해 해외를 드나들던 현흥택과 더불어 이 집안은 인천과 긴밀한 연고를 맺고 있는 셈이다. 현동순은 문창, 무창 두 아들을 두었다. 무창이 인천공립보통학교(현재의 창영초등학교)로 전학할 때 대부에서 인천으로 이사하는데, 용강정(龍岡町: 현재의 화평동)에 방이 7~8개 딸린 큰집이었다. 현덕이 <조선일보> 신춘문예로 등단할 당시의 주소(인천 용강정 78번지)는 바로 이 집

현덕의 소설 중에서 인천을 배경으로 한 소설로는 「남생이」와 「층」이 있다. 「층」은 사팔뜨기이며 다리병신인 거지 계집아이가 부잣집 아들을 짝사랑하는 이야기이다. 그런데 이 작품은 여러 가지 측면에서 「남생이」와 유사한 면을 보이고 있다. 소녀의 집은 "남향해 바다를 내려다 보고 안젓는 언덕위 토막집이 닥지닥지 부튼"9) 동네로 「남생이」와 일치하며, 이곳에서 살게 된 이유도 「남생이」와 마찬가지로 시골서 도저히 살 수가 없어 나온 것이다. 더군다나 소녀는 늙은 할머니와 병든 아버지의 생계를 구걸로 꾸려 나가야 하는 비참한 상태이다. 이것은 농촌에서 소작을 다 떼이고 도시로 나왔으나 아버지는 병이 들어 죽고, 어머니는 다른 남자와 살림을 차려 나간 노마의 처지와 거의 흡사하다.

「남생이」와 「층」의 아동들은 가정과 학교 모두로부터 소외되어 있다. 「남생이」에서 노마의 아버지는 중병이 들어 가장의 역할을 전혀 하지 못한다. 가장의 몫은 고스란히 어머니가 짊어지게 되는데, 그녀는 항구의 들병이가 되어 이미 도덕적으로 회복할 수 없는 상태로까지 전락하고 만다. 그녀는 오히려 자신의 부정을 어쩔 수 없이 목격하게 되는 노마

을 가리킨다. 현덕은 대부도 당숙 집에서 보통 학교를 다니고 서울 집으로 옮겨 고보를 다닌 후에도 한동안은 인천 당숙의 집을 오가며 생활했다(원종찬, 『한국 근대문학의 재조명』, 소명출판사, 2005, 67~68쪽).

9) 「층」, <조선일보>, 1938.6.17.

에게 화를 내고, 경우에 따라서는 아들을 모른 척 할 정도이다. 이미 어머니로서의 역할은 포기한 것이다. 이런 상황에서 노마에게 학생모자 하나를 사주겠다는 아버지의 꿈은 실현 불가능하다. 이처럼 가정과 학교, 모두로부터 소외된 노마는 어른들의 세계에 무방비로 노출되어 있다. 그곳은 이미 정감어린 세계와는 거리가 먼 어머니, 털보, 바가지의 온갖 비루한 욕망과 애욕이 들끓는 타락한 세상이다. 「층」의 사팔뜨기이며 다리병신인 거지 계집아이 역시 늙은 할머니와 병든 아버지의 생계를 구걸로 꾸려 나가야 한다는 처지에서 볼 때, 「남생이」의 노마와 상황은 크게 다르지 않다.

아동들은 자신들의 직접적인 책임 없이 냉혹한 현실 속에 던져진다는 점에서, 윤리적 비판으로부터 성인에 비해 자유로울 수밖에 없다. 세상에 수동적으로 던져졌기에 보호받아야만 하는 약자들이 바로 아동들인 것이다. 그럼에도 세상에 내동댕이쳐질 수밖에 없는 아이들의 모습은 당대의 비극을 무엇보다도 효과적으로 그려낼 수 있었던 설정으로 보인다. 「남생이」에서 노마의 시각은 현실의 암울함과 세상의 부도덕함을 바라보는 중요한 통로가 되고 있다. 어머니가 인부들과 희롱하는 모습을 보면서 나타내는 노마의 반응이나, 노마 어머니를 짝사랑하는 바가지가 노마에게 어머니가 털보와 딴살림을 차릴지도 모른다는 말을 할 때의 반응은, 성인 인물은 상상하기 힘든, 아동인물이기에 가능한 의식과 행동들이다. 노마의 천진무구한 반응은 그러한 반응을 낳는 비참한 현실의 어두움과 극단적으로 대비되어, 결국에는 그 어둠의 농도를 더욱 짙게 하는 기능을 한다. 더 나아가 소년 인물은 어른들의 세계가 얼마나 훼손된 가치의 세계이며, 사악한 것인지를 간접적으로 비판하기도 한다. 아버지의 죽음 앞에서 곡을 하는 어머니를 보며, "모두 거짓부렁이다. 참 설음에서 우러나오는 울음이고야 목청만이 노래 부르듯 청승맞을 수 없다."라고 생각한다.(275)라고 생각한다. 이처럼 소년 인물의 설정은 현실의 비극성을 더욱 강화시키는 작용을 하며, 어른들의 세계를 비판하는 데에까지 이르고 있다.

한남규[10]의 「바닷가 소년」(1963)은 「남생이」의 해방 이후 버전이라고 할 수 있다. 부둣가 마을에 사는 소년은 부모

---

10) 한남규(韓南圭)의 필명은 한남철(韓南哲)이다. 1937년 인천에서 태어나 인천고등학교를 졸업하고 서울대 철학과에 입학하였다. 1958년 10월에 소설 「남생이」를 『사상계』에 발표하면서 등단하였고, 이후 학업을 그만두었다. 평생 33편의 단편을 발표하였고, 1993년 지병으로 별세하였다. 한남규의 작품세계는 「남생이」, 「강설」, 「음지부조」, 「원색인형」, 「함정」과 같이 전후의 암울한 현실을 드러낸 작품들과 「바닷가 소년」, 「어둠의 숲」, 「연기」, 「지붕 밑의 한낮」, 「강 건너 저쪽에서」 등과 같이 "섬세한 감성과 인간의 생명활동에 대한 원천적 긍정과 역사적 현실에 대한 예민한 감응력에 의해 작가 자신의 인생역정의 배경인 강화도와 인천과 서울의 가난한 서민생활을 더할 수 없이 실감 있게 부각"(염무웅, 「이 작가를 보라!—한남규의 인간과 문학」, 한남규, 『바닷가 소년』, 창작과비평사, 1992, 320쪽)시킨 작품들로 나누어진다.

없이 할머니와 단둘이서 살아간다. 아침이 되어 할머니가
행상 보따리를 들고 장사를 나가면, 아침밥을 혼자 챙겨 먹
은 소년은 완전히 성인들의 보호로부터 방치된 채 하루하
루를 지낸다. 이 마을 주민들은 대부분 피란민들로서,[11] 피
로 탓인지 하나같이 풀기가 없고 한숨이나 내뿜는다. 그들
은 북쪽 하늘을 바라보며 "그곳에, 힘없이 푸른 그 하늘 아
래 고향이 있다"(278)고 말하곤 하는 것이다.

이 소년을 그나마 돌봐주는 이는 여름철이면 부둣가에
쌓아 논 가마니 무더기가 집인 최노인뿐이다. 최노인과 소
년은 누군가 말리기 위해 널어놓은 고기를 훔치기도 한다.
소년은 늘 "심심함"(286)을 느낀다. 꿈속에서만 소년은 심심
함에서 벗어날 수 있다. 고향을 꿈꾸는, "꿈의 내용은 항상
동일했으나, 소년은 언제고 지루함을 느끼지 않았"(287)던
것이다. 어느새 소년은 "할머니가 늘 그러듯 고향 쪽의 하
늘을 바라다보는 습관이 생"(297)긴다. 그리고 매일 밤 할머
니가 고향을 그리워하며 울듯이, 소년의 **뺨으로도** "정말 눈
물이 흐르"(299)기 시작한다. 「남생이」의 마지막에 노마만
홀로 남겨졌듯이, 「바닷가 소년」에서도 할머니는 죽고, 소
년은 혼자 남겨진다.

---

11) 실제로 전쟁 직후 인천의 해안가에는 많은 피난민들이 살았는데, 이들은 대부분
    인천과 지리적으로 가까운 황해도 출신들이었다.

4. 혼종성의 공간

1979년에 창작된 오정희의 「중국인 거리」만큼 구체적인 인천의 거리와 풍물이 작품 속에 상세히 반영된 소설은 찾아보기 힘들다. 박태원의 「소설가 구보씨의 일일」은 1930년대 서울 거리를 거의 완벽하게 재현하여, 작품에 나오는 대로 약도를 그리면 그것이 그대로 서울 중심가의 약도가 될 정도였다. 오정희의 「중국인 거리」 역시 작품에 나오는 풍물들이 1950년대 중국인 거리를 그대로 가져다 놓은 느낌을 준다. 제분 공장, 공원, 장군의 동상, 중국인 상점, 화차, 저탄장, 항만 등이 눈에 잡히듯 생생하다. 특히 중국인들의 모습은 이 작품에서 비교적 세심하게 표현되어 있다. 이 작품은 1950년대 인천에 대한 풍속사적 자료로서도 그 의미가 뚜렷하다.

오정희의 「중국인 거리」는 한국 전쟁 직후의 중국인 거리에서 아홉 살 때부터 열세 살 때까지 살았던 한 소녀의 성장 체험을 들려준다. 소녀의 가족은 가난한 피난민이다. 소녀는 가족과 함께 해안촌으로도 불리는 중국인 거리로 이사를 온다. 도시에 대한 소녀의 기대와는 달리, 그곳은 같은 모양의 목조 이층집들이 늘어선 초라하고 지저분한 곳이다. 역의 저탄장에서 날아오는 석탄가루 때문에 빨래도 말릴 수 없고 이상한 냄새가 대기에 가득하다. 그리고 전쟁의 상처가 남은 곳이었고, 가난이 삶을 야만스럽게 만드는 곳이다.

이 작품은 전쟁과 성장을 핵심적인 의미소로 하여 구성되어 있다. 중국인 거리를 지배하는 분위기와 정서는 빈곤에 따른 어두움과 피폐함이다. 이것은 기본적으로 전쟁에서 비롯된 다. 주인공이 이곳까지 흘러온 이유부터가 한국전쟁 때문이고, 중국인 거리에 빈민촌이 형성된 것도 전쟁때문이다. 또한 중국인 거리를 차지하는 외국인은 중국인과 미군들인데, 미군들은 모두 전쟁 때문에 이곳에 머물게된 것이다. 실제로 전쟁 직후의 인천은 외지인들이 몰려와 빈민촌을 형성했고 미군 부대가 주둔했다. 특히 집세가 싸고 지저분한 중국인 거리는 중국인들뿐만 아니라 양공주와 난민들이 뒤섞여 사는 빈민촌이었다. 거리에는 전쟁의 흔적으로 드문드문 포격에 무너진 건물의 형해가 널려 있고, 시의 동쪽 공설운동장에서는 공산국가를 규탄하는 궐기대회가 열린다. '나'의 집만 제외하고는 적산 가옥 모두가 양갈보에게 세를 주었을 정도로 미군 상대의 매춘은 널리 퍼져 있다. 양갈보를 대표하는 형상은 치옥이네 위층에 사는 매기언니이다. 다섯 살짜리 백인 혼혈의 딸 제니를 가진 매기 언니는 흑인 병사와 동거하며 미국에 갈 것을 꿈꾼다.

그러나 매기는 자신을 미국에 데려다 줄 거라고 믿었던 바로 그 흑인에게 잔인하게 살해되고, 딸 제니는 고아원에 맡겨진다. 이 끔찍한 사건이 아무런 감정이 느껴지지 않는 단문으로 전달되는데, 그러한 건조함은 사건의 비극성을 더욱 고조시킨다.

다음으로 이 작품은 성장소설의 외양을 보인다. 중국인 거리에서는 아이들조차 세상의 추악함에 그대로 노출된다. 9살짜리 소녀도 제분공장에서 밀을 훔쳐 먹고, 화차에서 석탄을 훔쳐서 상인들에게 판다. 동요 대신 어른들의 노래를 능청스럽게 부르고, 양공주의 생활을 동경하기도 하며, 어른들을 골려 먹기도 한다. 아기가 여자의 벌거벗은 두 다리 사이에서 비명을 지르며 나온다는 것도 일찌감치 안다. 소녀는 중국인 거리에서 너무 **빨리** 영악한 어른이 되어 가는 것이다. 이러한 특징을 가장 잘 보여주는 것은 '나'의 친구인 치옥이다. 의붓어머니 밑에서 자라는 치옥이는 처음에 미용사를 꿈꾸지만 나중에는 매기 언니와 같은 양갈보가 되는 꿈을 꿈꾼다. '치옥'이라는 이름은 사실 '치욕'의 오기인지도 모른다.

이 작품에서 어른이 된다는 것은 두 개의 죽음과 함께 이루어진다. 첫 번째는 앞에서도 살펴본 매기 언니의 끔찍한 죽음이다. 또 하나는 할머니의 죽음이다. 소녀의 성장은 새로운 성性의 세계로 나아가는 일이기도 하다. 그것은 이 작품에서 시종일관 신비하게 묘사되는 중국인 남자의 야릇한 눈길을 통해 은은하지만 집중적으로 드러난다. 중국인 남자가 모호하고 신비스러운 만큼, 소녀에게 성은 어둡고 혐오스럽고 비밀스러운 것, 그러면서도 매혹적인 무엇인가로 다가온다. 중국인 남자로부터 몰래 선물을 받은 날, 소녀의 어머니는 동생을 난산했고, 소녀는 막막함과 막연함 속에서 초경初經을 경험한다. 오정희의 「중국인 거리」는 한국 전쟁 직후 해안촌이라고도 불린 중국인 거리의 풍경을 세밀하게 그려내면서도, 동시에 그 거리가 지닌 역사·사회적 의미까지 짚어내고 있다. 더군다나 이 작품은 구체적인 사실에 바탕해 있으면서도, 그 사실들이 미학적으로 정련된 것이기에 더욱 소중하다.

5. 결론

이글은 그동안의 한국근대소설에서 인천이 어떻게 형상화되었는가를 살펴보았다. 다종다양한 인천의 모습을 '대표적인 노동의 도시', '가난한 아이들의 도시', '혼종성의 공간'이라는 세 가지 개념을 중심으로 고찰한 것이다. 이를 위해 강경애의 『인간문제』, 방현석의 「새벽출정」, 「내일을 여는 집」, 「또 하나의 선택」, 현덕의 「남생이」, 「층」, 한남철의 「바닷가 소년」, 오정희의 「중국인 거리」를 분석해 보았다. 이들 작품은 모두 인천의 고유한 한 측면을 날카롭게 작품화하는데 성공하고 있다. 강경애와 방현석이 한국을 대표하는 공업도시로서의 인천이 지닌 성격을 사회적·정치적 상상력에 바탕해 서사화했다면, 현덕과 한남철은 인간 영혼의 순수성과 시대적 어둠의 부정성이 부딪치며 내는 파열음을 보편성의 차원에서 문학화 하는데 성공하였다. 오정희는 그 어떤 소설보다 인천과 관련한 디테일의 정확성을 확보하면서도, 그것이 미시적 풍속사가 아닌 미학적 감동에 바탕한 문학사가 될 수 있는 하나의 가능성을 열어주고 있다.

'밥, 집, 평화를 나누는 공동체'를 일구는 아동문학가, 김중미

염희경

서강대학교 국어국문학과를 졸업한 뒤, 인하대학교 대학원 국어국문학과에서 「소파 방정환 연구」로 박사학위를 받았다. 현재 인하대학교 인문과학연구소 연구교수로 재직 중이고, 인하대학교와 춘천교육대학교에서 글쓰기와 아동문학을 강의하고 있다. 『소파 방정환과 근대아동문학』, 『동화의 형성과 구조』(공저) 등의 저서와, 「현대 동화의 과제, 옛이야기의 창조적 변용」, 「일제 강점기 번역 번안 동화 앤솔러지의 탄생과 번역의 상상력」 (1), (2) 등의 평론과 논문이 있다.

'밥, 집, 평화를 나누는 공동체'를 일구는 아동문학가, 김중미

기차길옆작은학교는 가난한 이웃들 속에서 밥, 집, 평화를 나누는 공동체를 만들려고 합니다. 나누고 또 나누어 더 나눌 것이 없을 만큼 가난해져서 모두가 넉넉할 수 있는 공동체가 되는 것이 기차길옆작은학교 사람들의 바람입니다.[1]

1. 한국 아동문학에 인천을 아로새긴 작가, 김중미

1990년대 '현실 사회주의의 붕괴와 자본의 전지구화'라

[1) 기차길옆작은학교 홈페이지(www.gichagil.kr)에서.

는 세계사적 변동으로 중심을 벗어난 주변이 화두로 대두되었다. 이에 따라 문학에서도 구체적 생활 감각이 살아있는 삶의 현장인 지역이 주목받으면서 지역문학이 활발하게 논의되기 시작했다.

문학과 지역에 대한 관심이 오래된 것이 아니기도 하지만 한국 아동문학에서 지역을 강하게 떠올리게 하는 작품은 그리 많지 않다.[2] 지역문학 논의에서 지역은 단지 작가의 출신지나 거주지를 의미하는 것이 아니다. 지역은 작가의 언어와 사유에 지대한 영향을 미치는 것으로, 문학 세계의 주요한 원천으로 작동함을 의미한다.

2000년, 김중미金重美는 등단작 『괭이부리말 아이들』(전 2권, 창비, 2000)로 한국 현실주의 아동문학의 계보를 잇는 대표 작가이자 한국 아동문학에 지역성을 뚜렷하게 부각시킨 대표 작가로 급부상했다. 『괭이부리말 아이들』은 늘 그곳에 있었지만 아무도 거들떠보지 않았던 '인천 만석동'을 한국 아동문학의 중심부에 올려놓았다. 김중미에 의해 한국 아동문학, 나아가 한국문학은 인천 만석동을 재발견하게 된 것이다. 그가 등단작 이후 지속적으로 발견해낸 인천은

---

2) 한국 아동문학과 지역성을 논의할 때 대표 작가로 거론되는 이들은 경남 합천의 이주홍, 경남 마산의 이원수, 안동 조탑 마을의 권정생 등이다. 한국 아동문학에서 지역을 강하게 부각시킨 현대의 대표 작품은 노경실의 『상계동 아이들』(산하, 1991)을 들 수 있다.

많은 이들이 잊고 있던 '지금 여기'의 구체적인 삶을 호출한 장소이자, 한반도의 역사와 민중의 삶, 세계 자본주의의 모순이 중층적으로 얽혀있는 문제적 장소로 환기된다.

이 글에서는 인천 지역을 근거지로 공동체에 대한 소망을 일관되게 추구하고 있는 김중미의 작품을 중심으로 그의 문학 세계를 살펴보고 그에게 인천이 갖는 의미, 나아가 한국 아동문학에서 지역이 갖는 의미를 묻고자 한다.

2. 밥과 집을 나누는 공동체의 꿈[3)

: 『괭이부리말 아이들』, 『우리 동네에는 아파트가 없다』, 『종이밥』

『괭이부리말 아이들』의 무대는 "인천에서도 가장 오래된 빈민지역으로, 원래 '쥐섬'과 짝을 이뤄 '고양이부리'라 이

---

3) '기차길옆작은학교'가 밥과 집과 평화를 나누는 공동체를 표방한 데에서 알 수 있듯, '밥과 집과 평화'는 김중미 문학을 관통하는 핵심어라 할 수 있다. 일찍이 원종찬은 『괭이부리말 아이들』에서 작가가 '밥'과 '집'에 남다른 의미를 부여했다는 점을 주목한 바 있다. "작가는 '밥'과 '집'에다 중요한 의미를 부여한다. 이 작품에는 밥 먹는 장면이 참 많이 나온다. 여기 인물들은 만나면 우선 밥부터 같이 지어먹는다. 밥 먹는 것과 함께, 나갔다 돌아왔을 때 온기가 느껴지는 집도 너무나 중요하다. 결국 작가의 글쓰기는 이들이 함께 밥을 먹고 온기를 나눌 수 있는 집을 짓는 일이었다."(원종찬, 「지금 이곳과 저 너머 세상」, 『작가들』 3호, 2000년 겨울호; 원종찬, 『동화와 어린이』, 창비, 2004, 289쪽.)

름 붙여진 바닷가였으나, 지금은 공장 지대로 변한 만석동의 한쪽 구석진 마을을 가리킨다. 개항 뒤 외국인들에게 삶의 자리를 빼앗긴 철거민, 일자리를 찾아 흘러들어온 일제 시대의 자유노동자, 6·25 전쟁 직후의 피난민, 개발정책의 희생양이 된 이농민…… 이렇게 어디선가 떠밀려온 사람들이 모여 마을을 이룬 곳"이다. 말하자면 "우리 근현대사의 가장 못나고 아픈 것들이 흘러와 쌓인 퇴적층과도 같은 곳"4)이다.

〈사진 1〉 김중미, 『괭이부리말 아이들』(전 2권), 창비, 2000.

작가는 작품의 첫 시작인 1장에서 괭이부리말을 원경으로 처리하며 지명의 유래와 지역의 역사를 조망한 뒤 거미줄 같은 골목을 근경으로 포착하면서 숙자 숙희 쌍둥이 자매, 동수 동준 형제를 비롯해, 외로움과 배고픔, 가정 폭력에 시달리는 동네 아이들의 삶을 담담하게 그려 보인다. 이들 외로운 아이들 곁에 영호 아저씨와 김명희 선생님이 등장하면서

---

4) 원종찬, 앞의 책, 2004, 287쪽.

서로의 상처를 보듬으며 기대어 살아 갈 수 있는 작은 공동체가 꾸려진다.

일찍이 원종찬이 이 작품에서 '밥과 집'이 중요한 의미를 지닌다고 지적했듯 『괭이부리말 아이들』에는 이 두 개념이 응축된 '식구食口'라는 말이 많이 나온다.5) '숙자네 식구'처럼 혈연 중심의 가족을 일컫던 이 말은 어머니를 사별한 뒤 혼자가 된 영호가 동네 아이들을 거두면서 '영호네 식구'로, 다시 '영호네 식구'와 '숙자네 식구', 김명희 선생님이 어우러진 '괭이부리말 식구'로 변한다. 후반부로 갈수록 가난하고 외로운 아이들과 이웃이 한데 어우러져 소박한 밥상을 함께 나누는 새로운 가족 공동체로 확장된다.

작품의 후반부로 갈수록 어른 인물이 작가 의도대로만 움직이는 결함을 보인다는 비판을 받기도 했지만6) 영호 삼

---

5) "그래서 영호네는 식구가 한 사람 더 늘었다."(1권, 112쪽) "김명희 선생님도 괭이부리말에서 영호네 식구들과 숙자네 식구들하고 어울려 살고 싶었기 때문이다. (…중략…) 그래도 결국 선생님은 괭이부리말 식구가 되었다." (2권, 145~146쪽) "삼겹살과 김치 부침개와 김칫국으로 차린 저녁밥상에 둘러앉을 식구들을 생각하니 명희는 벌써부터 배가 불러 오는 것 같았다."(2권, 159쪽) "동수는 숙자와 숙희, 동준이, 명환이와 영호 삼촌, 숙자 어머니와 김명희 선생님, 그리고 갓난아이와 호용이의 얼굴을 하나씩 떠올렸다. 햇살을 가득 품은 식구들의 얼굴을 생각하니 힘이 솟는 것 같았다."(2권, 164쪽)

6) 이오덕은 영호와 명희의 행위가 영웅적으로 그려졌다고 하면서 인물의 작위성에 대해 비판하였다 (이오덕, 「버림받은 아이들을 보는 따스한 눈길」, 『어린이책 이야기』, 소년한길, 2002, 93쪽). 원종찬도 후반부에 어른들이 작가 의도대로 움직이는 결함을 보인다고 지적하지만, 그 이유를 작가의 체험에 근거해 그러한 '예외적 인물들'이 자명한 사실로 떠오르면서 간섭을 한 탓으로 보고 있다. 그럼에도 이들 어른 인물이 단순한 외부 조력자가 아니라 성격 발전을 뚜렷하게 보여

촌과 김명희 선생님을 작가 관념에 의해 작위적으로 설정된 외부 조력자라고 단정하기는 어렵다. 이들은 아이들 못지않게 외로움과 상처를 안고 살아가는 약한 어른으로 아이들과 관계를 맺으면서 상처를 치유하고 본성을 회복해 가는 존재로 그려진다.

가끔 영호는 혼자말로 '내가 왜 고생을 사서 하나.'라고 신세 한탄을 했다. 그러다가도, 아이들이 없었다면 혼자 외로움을 견딜 수 없었을 거라는 생각이 들었다. (『괭이부리말 아이들』 1, 125쪽)

"나두 고마워. 그리고 명희야, 꼭 고백하고 싶은 게 있는데, 아이들한테 내가 필요한 게 아니라 나한테 아이들이 필요해." (『괭이부리말 아이들』 2, 60쪽)

명희는 동수의 이야기를 들으며 동수가 명희에게 마음을 여는 것이 아니라 자기 마음이 열리는 것 같다고 느꼈다. 어쩌면 단단한 빗장으로 마음의 문을 닫아걸고 있던 것은 동수가 아니라 명희 자신이었는지도 모른다는 생각이 들었다. (『괭이부리말 아이들』 2, 44쪽)

주는 인물로 구원자 또는 계몽자와는 구별되는 인물이라고 평가하였다(원종찬, 앞의 책, 2004, 290쪽).

이러한 어른 인물은 김중미의 이후 작품에서도 지속적으로 등장한다.[7] 그것은 어른이라는 존재를 어린이보다 우월하고 완성된 존재로 보지 않고, 약하고 낮은 존재인 어린이야말로 흔들리는 어른을 잡아 주는 소중한 존재임을 직시하는 어린이관, 인간관에서 비롯된 것이라 할 수 있다.[8]

『우리 동네에는 아파트가 없다』(도깨비, 2002)는 배경과 주제, 아이들이 놓인 상황이나 동네의 모습을 볼 때 『괭이부리말 아이들』의 전사前史에 해당한다. 특히 이 작품은 만석동 '기차길옆작은학교'의 큰이모인 글 작가 김중미와 그곳에서 함께 살아가는 삼촌(교사) 유동훈이 그림을 직접 그린 작품으로, 글과 그림으로 재현한 일종의 '만석동 보고서'다.[9]

---

7) "혼자서 두 조카를 키우는 일은 쉽지 않았다. 그러나 조카들은 안나 이모의 외롭고 고단한 삶을 견딜 수 있게 해 준 버팀목이기도 했다." (『모여라, 유랑인형극단』, 207쪽)
『모여라, 유랑인형극단』의 또 다른 인물인 남궁사부도 한센씨병을 앓았던 부모 때문에 '미감아(未感兒)' 딱지를 붙인 채 오랜 세월 외롭게 떠돌며 살아온 상처 많은 인물로, "가족이 없는 내게 가족 같은 아이들과 이웃"(193쪽)이 생긴 것을 행복으로 여기며 살아간다.

8) "인내심 없고 너그럽지 못한 나를 평화의 길로 이끌어 주는 우리 작은 학교의 가난하고 약한 아이들에게 사랑을 전한다."는 표현에는 어린이에 대한 작가의 생각이 잘 담겨 있다(김중미, 「작가의 말」, 『꽃섬고개 친구들』, 검둥소, 2008, 359쪽).

9) 유동훈의 그림은 만석동을 사실적으로 묘사하는데 그림책의 그림처럼 글에서 못 다한 이야기를 그림으로 펼쳐낸다. 상미의 프롤로그에 이어 배치된 만석동의 동네 그림은 점점 크기가 확대되면서 시간을 거슬러 올라가 만석동의 과거를 재현한다. 이어지는 첫째 상윤이의 1990년 일기의 내용은 그림 작가가 10여 년의 시간을 거슬러 가 표현한 동네 그림과 자연스레 겹친다.

〈사진 2〉 김중미, 『우리 동네
에는 아파트가 없다』, 도깨비,
2002.

훗날 작가가 되고 싶어 하는 셋째 상미가 일인칭으로 서술하는 프롤로그와 에필로그는 글씨체를 달리한 편집으로 일종의 액자 구성으로 처리되었고, 그 사이에 네 남매의 일기가 3, 4년의 시간 간격을 두고 펼쳐진다. 네 남매의 일기는 작가의 분신과도 같은 셋째 상미가 가족과 이웃의 삶뿐 아니라 동네 그 자체를 복원하려는 목적에 맞게 걸러낸 일기로, 상미네의 가족사이자, 동네의 변천사를 담은 기록이자 증언으로 기능한다.

시간대가 다른 네 남매의 일기를 발췌하듯 나열한 이러한 기억의 재구성은 동네의 변천과 공동체의 해체라는 주제의 통일성을 살리고 총체성이 파괴된 세계상을 암시하는 데에 효과적이다. 하지만 네 아이의 진솔하고 생생한 목소리가 부딪히며 빚어내는 다성성多聲性을 충분히 살리지 못했다.10) 작가의 관점을 대변하는 상미의 목소리가 다른 인물

---

10) 박현수도 이에 대해 "네 아이의 일기를 통한 서술은 다양한 시선과 목소리를 통해 인물에 생동감을 부여하는 독특한 방식을 취했으나, 아쉽게도 네 남매의 시선과 목소리가 겹치는 듯한 느낌"을 준다고 지적한 바 있다(박현수, 「닫힌 현실과 소통을 향한 열망–김중미론」, 반교어문학회, 『반교어문연구』 22집, 2007, 323~324쪽).

의 목소리에 강하게 작동함으로써 특정 시각에 조율된 수기 모음집 같은 단조로움을 벗어나기 어렵다. 그 가운데 상민이의 일기는 가출 사건의 실패, 옥수수 서리 실패로 혼난 일, 여름 밤 동네 마당에서의 캠핑 등 남자아이 특유의 놀이와 활달함, 엉뚱함이 돋보인다. 특히 '기차길옆작은학교'의 문집에 실제로 실렸던 두 편의 생활글(「고스톱 관찰 일기」, 「옥수수」)을 그대로 실어 현장성과 생동감이 살아있다. 그러나 세 자매의 일기에서는 서로 다른 성격을 보여주는 에피소드나 감상이 엿보이지만 개성적인 목소리가 두드러지지 않아 네 남매와 동네 사람들의 삶이 입체적이고 생동감 있게 형상화되지는 못했다.

한편, 『괭이부리말 아이들』과 달리 이 작품에는 먹는 것과 관련된 이야기를 다룬 일기가 그리 많지 않다. 흥미롭게도 첫째 상윤이의 일기(「나는 요리사」, 「생일잔치」)에서만 친구나 이웃과 먹을 것을 나누는 따뜻한 장면이 등장한다. 둘째 상민이의 일기 「옥수수」에서는 공장 아저씨들이 심은 옥수수를 서리하려다 들켜 혼만 나고 벌로 쓰레기를 주웠다는 얘기가 나온다. 넷째 상희의 일기 「새해 첫날」에서는 방학이면 하루 종일 굶는 친구에게 "**몰래** 먹을 것을 가져다준다"(103쪽, 강조는 인용자)는 얘기가 나오고, 「쓸쓸한 설날」에서는 동네 애들이 설날인데도 "떡국도 안 먹었다"(108쪽)는 얘기가 나온다. 시간이 흐르면서 각 가정의 궁핍이 심화되고, 친구나 이웃과 먹을 것을 나누던 모습도 사라져 가는 삭막한 현실을 통해 가족과 마을 공동체가 해체되는 과정을 드러내 준다. 『괭이부리말 아이들』은 가족과 마을 공동체가 해체되어 이전의 관계와 정서, 가치가 훼손된 『우리 동네에는 아파트가 없다』의 바로 이 지점을 출발점 삼아 가난해서 더 이상 나눌 것이 없을 것 같은 사람과 공간에서 밥과 집을 나누게 되는 후속 이야기를 펼쳐낸 것이다.

『우리 동네에는 아파트가 없다』가 『괭이부리말 아이들』의 전사에 해당하는 세계를 담았다면, 『종이밥』(낮은산, 2002)은 『괭이부리말 아이들』과 동일한 시공간을 배경으로 그 동네에 살고 있을 법한 송이네 가족에 집중해서 『괭이부리말 아이들』의 주제를 동화 버전으로 풀어냈다. 특히 작가의 분신과도 같은 주인공이나 전지적 서술자의 목소리를 벗어났고 인물이 놓인 상황을 상징적으로 제시하는 인상적인 제목과 개성적인 캐릭터가 돋보인다.

<사진 3> 김중미, 『종이밥』, 낮은산, 2002.

『종이밥』에서는 이전 작품인 『괭이부리말 아이들』에서처럼

가난의 사회 경제적 의미를 역사적 구조적으로 접근하는 시각이 부각되지 않고 철이네 가족의 일상과 관계, 송이와 다솜이 사이에서 벌어지는 싸움과 화해 등을 중심으로 다루어 서사의 폭이 좁아졌다. 하지만 이것은 사회를 향한 작가의 관심이 축소[11]되었기 때문이 아니라 동화와 아동소설에 대한 작가의 명확한 장르 인식에서 비롯된 것이라 평가할 수 있다. 즉 작가가 『괭이부리말 아이들』의 주독자층보다 연령이 낮은 독자를 대상으로 그 또래 아이가 겪을 법한 범위에서의 이야기 세계를 창조한 것으로 다루는 세계의 범위와 갈등 구조, 문체 등을 의식적으로 달리한 결과이다.

『괭이부리말 아이들』에서 주목했던 '밥과 집'의 문제가 이 작품에서는 송이네 가족을 중심으로 집중적으로 부각된다. 가난한 살림 때문에 손녀딸을 동자승으로 보내려 했던 할머니가 다시 송이를 집으로 데려 왔을 때, 이 상황을 모르는 송이는 "겨우 두 밤 자고 왔는데 방이 썰렁"(93쪽)하다며 의아해 한다. 가난 때문에 생이별을 겪어야만 했던 슬픔은 '온기 없는 방'으로 표현된다. 송이는 상황을 전혀 알지 못

---

11) "『내 동생 아영이』와 『종이밥』에서는 『괭이부리말 아이들』에서 튼실하게 구현되었던 보다 넓은 사회를 향한 관심이 축소되어 나타난다는 것이다. 두 작품에서 작가의 시선이 좀처럼 철이나 영욱이 집 울타리를 벗어나지 못함은 이를 반증하고 있다. 이는 가난 혹은 빈곤이라는 문제에 대한 인식과 연결이 되는데, 두 작품에서 가난이나 빈곤 등의 문제는 소거되지는 않았더라도 배경화 되고 말았다." (박현수, 위의 논문, 329쪽. 강조는 인용자)

한 채 잔뜩 싸가지고 간 옷과 양말 때문에 새로 산 가방이 망가졌다고 계속 투덜거린다. 돌아온 송이를 보고 안도와 기쁨을 느끼는 할아버지와 오빠 철이, 한편 더욱 악화될 가정 형편 때문에 불안감에 싸여 있는 할머니, 이들과 달리 식구들의 마음을 전혀 모르는 어린 송이의 투덜거림은 텍스트 내의 인물뿐 아니라 독자에게까지 복합적인 감정을 일으킨다. 어린아이 특유의 생동감과 철없음이 빚어내는 웃음으로 상황의 아이러니가 발생하여 비극성이 한층 고조된다.

하지만 작가는 비극에 머물지 않고 두 남매가 손을 꼭 잡고 장을 보러 가는 마지막 장면을 통해 그들이 서로에게 버팀목이 되어 주면서 꿋꿋이 살아가리라는 믿음과 위안을 전해 준다. 이러한 결말은 작가 관념에 의한 작위적 해결이나 동화의 상투적 해피엔딩이 아니라 철이네 네 식구가 뿜어내는 빛이 만들어낸 자연스런 마무리다. 『종이밥』은 식구들에게 버거운 짐이기만 할 것 같은 어린 송이가 실은 어려운 삶을 지탱하게 해주는 버팀목이자 희망의 불씨라는 것을 잘 보여 준다. 가난에 절망하지 않고 소박한 꿈을 키워 갈 수 있는 힘은 상처를 보듬으며 끝까지 서로를 포기하지 않는 강한 유대감과 사랑이라는 것을 『종이밥』의 송이네는 잘 알고 있다.[12]

김중미는『종이밥』의「머리말」에서 여섯 살 터울의 여동생을 절에 보내야 할 처지에 있던 동네의 남자 아이의 사연을 얘기하며 "그 아이는 동생을 지키기 위해 자기 자신을 지켰던 거예요. 어쩌면 철부지 여동생이 그 아이를 지켜 온 것인지도 몰라요"라고 말했다. 기차길옆작은학교 삼촌(교사)이며 어린이책 그림 작가인 유동훈도 사진 에세이집『어떤 동네』(낮은산, 2010)에서 그 사연의 주인공인 남매의 사진(「해바라기」)과 이야기를 담아냈다. 부두 노동자였던 아버지가 사고로 돌아가신 뒤 엄마와 어렵게 살아가는 명환, 명숙 남매의 사진으로, 2000년 봄, 초등학교에 들어가야 하는 여동생이 동자승으로 가게 될 거라는 사연을 담고 있는데, 김중미의「머리말」에서 알 수 있듯 여동생은 결국 동자승으로 가지 않았다. 이처럼『종이밥』은 만석동에서 실제로 살고 있는 어린 남매의 사연을 모티브로 창작된 동화로, 김중미 문학이 자기 지역의 가난한 아이들의 삶에서 철저히 길어온 '지금 여기'의 생생한 삶의 이야기임을 잘 보여준다.

---

12) 김중미의 작품에서 중요한 이 유대감은 혈연 중심의 전통적 가족 개념을 넘어 가난한 이웃의 연대라는 좀 더 넓은 공동체로 확장된다.『꽃섬고개 친구들』에서 한길이가 "공부방도 내 가족"이라 강조하는 것은 가족의 재개념화이다. 혈연 중심의 가족을 넘어서는 공동체의 문제는 김중미의 첫 작품『괭이부리말 아이들』에서부터 추구되었고『꽃섬고개 친구들』과『모여라, 유랑인형극단!』에서 더욱 확장된다.

3. 평화를 나누는 공동체의 꿈과 대안적 삶의 모색
— 『꽃섬고개 친구들』, 『모여라, 유랑인형극단!』

가난 속에서도 밥과 집을 나누는 소박한 공동체에 대한 지향은 김중미의 첫 작품 『괭이부리말 아이들』 이후 인천 지역을 거점으로 변주되며 지속적으로 형상화되었다. 이 나눔은 『꽃섬고개 친구들』(검둥소, 2008)과 『모여라, 유랑인형극단!』(낮은산, 2009)에 이르면 평화를 나누는 공동체의 꿈으로 확장된다.

『꽃섬고개 친구들』은 동인천역 근처 화수동花水洞 골목길 꼭대기에 자리 잡은 산동네 화도花島고개를 배경으로 한길

〈사진 4〉 김중미, 『꽃섬고개 친구들』, 검둥소, 2008.

과 선경이 초등학생에서 20대 청년으로 성장하면서 겪는 일들을 그려낸 장편소설이다. 두 인물이 각자 일인칭 화자가 되어 가난하고 불우한 가족과 이웃, 학교와 사회에서 마주한 다양한 차별과 폭력, 억압을 병렬적으로 또는 교차적으로 드러낸다. 선경이는 "씩씩하고 정 많고 의협심 강한"(74쪽) 여자아이이고,

한길이는 가난하고 불우한 환경에서도 공부 잘하고 마음이 여린 남자아이이다. 이 작품은 가정, 동네, 학교(실업계 고등학교와 인문계 고등학교), 아르바이트 현장, 국가 권력의 힘이 강하게 미치는 군대에 이르기까지 아이들이 성장하며 삶의 현장에서 부딪히는 다양한 폭력의 양상을 드러내고 개개인의 구체적 삶에서 평화를 실천하는 방도를 집요하게 묻는다. 특히 작품 곳곳에 실존 인물과 구체적 지명을 거론하여 현실성을 한층 강화하였다.13)

중심인물인 선경과 한길, 공부방 이재성 선생님의 부모 세대가 겪은 불우한 사연들을 제시해 서사 폭을 넓혔다. 그들 부모 세대는 피난민의 후예이거나 열악한 노동계층이나 빈민층으로, 가난의 대물림 속에서 온갖 고통과 폭력, 불평등에 노출되는 구조적 모순의 희생자이다. 주인공들도 부모 세대와 다를 바 없는 구조적 모순에 노출되지만 폭력적 삶에서 벗어날 길을 힘겹지만 적극적으로 모색한다.

선경과 한길, 이재성 선생님은 가난하지만 떳떳한 삶,

---

13) 아이들은 공부방에서 어린이 노래패 '굴렁쇠'의 동요를 듣고 자랐고, 한길이는 이재성 선생님과 시사토론과 독서토론을 하면서 가톨릭일꾼공동체를 일궜던 도로시 데이의 자서전을 통해 양심적 병역 거부에 대해 알게 되고, 조세희의 사진수필집인 『침묵의 뿌리』에서 탄광촌을 대면하게 된다. 또한 2001년 양심적 병역거부를 선언한 불교신자 오태양 등 실존 인물들을 알게 된다. 주인공들이 발 딛는 곳은 부평, 주안, 구월동, 만수동, 강화, 김포, 양곡, 정선의 고한 등으로, 작품 곳곳에 구체적 지명이 거론된다.

"서로 다른 게 좋다는 걸 인정"(351쪽)하는 비폭력 평화의 삶을 지향한다. 선경이가 미혼모인 친구 영미와 함께 영미의 아이 한선[14]이를 키우며 새로운 가족을 이루고 살아가는 것이나, 동성애자로 차별 받는 보라를 친구로 받아들이는 과정은 소수자에 대한 편견과 불평등, 폭력을 자행하는 우리 사회의 모순을 들춰내고 일상의 평화가 약자에 대한 배려와 다양성의 존중으로부터 가능하다는 것을 보여 준다. 작가의 강한 주제 의식 때문에 여러 모순들이 중첩되는 산만함을 보이는데, 꽃섬고개에서 나고 자란 아이들이 10대 초반에서 20대 중반까지의 삶에서 대면할 법한 사람과 사연들로 우리 시대의 자화상일 수 있다. 『꽃섬고개 친구들』은 이들이 새로운 형태의 확대된 가족 공동체를 일구어가는 미래상을 독자에게 어렴풋이 제시한다.

작가가 전하고자 하는 의미심장한 주제는 결말에서 선경이가 보여주는 생각과 행동을 통해 드러난다.

한의원에서 원장한테 배운 대로 잔뿌리가 많은 인삼을 골랐다. 원장은 인삼은 거칠고 척박한 땅에서 자란 것일수록 좋다고 했다.

---

14) 한선이는 이 작품의 주인공 한길이와 선경이의 이름을 한 글자씩 딴 이름이다. 미혼모 영미의 딸이지만 이들 모두의 아이로, 서로 의지하며 새로운 가족을 이루며 살아갈 것을 상징하는 이름이라 할 수 있다.

빛도 들지 않고, 돌이 많은 땅에서 살아남기 위해 수많은 잔뿌리들을 땅으로 뻗쳐 물을 빨아들이고, 영양분을 빨아들였기 때문이라고 했다. 오늘은 잔뿌리가 많은 그 인삼을 넣고 삼계탕을 끓이기로 했다. 영미와 한길이, 그리고 한길이 어머니와 한나까지 불러 오랜만에 저녁밥을 먹을 작정이다. (『꽃섬고개 친구들』, 352쪽)

잔뿌리가 많은 인삼은 거칠고 척박한 땅에서 살아남기 위해 몸부림치는 이 땅의 가난한 이웃을 닮았다. 이처럼 김중미의 작품 곳곳에 나타나는 가난한 이들이 나누는 따뜻한 밥상은 평화롭고 소박한 일상의 행복을 뜻하며 생명을 가꾸는 모성성의 다른 이름이기도 하다.

20대 중반에 접어든 선경이가 자기 삶의 한 중심으로 한길이를 새롭게 받아들이는 부분은 외로운 이들이 서로 의지하며 가족이라는 공동체를 만들면서 우리 사회에 더 든든히 뿌리 내리기를 바라는 작가의 소망이 담긴 결말이다. 김중미는 자전 소설 『거대한 뿌리』(검둥소, 2006)에서 동두천의 흑인병사와 결혼해 혼혈아를 낳은 윤희 언니가 미국으로 건너가 겪었던 '척박한 땅에서의 뿌리내림' 즉, 약자의 질긴 생명력을 드러낸 바 있다.[15] 이런 소망은 『거대한 뿌

15) "그 넓은 미국 땅에도 뿌리내릴 땅이 마땅치 않았다고, 그래서 척박한 땅을 골라 힘겹게 뿌리내리느라 많이 힘들었다고, 그렇지만 언니는 업신여긴 나무가 더

리』에서 작가의 분신인 정원이가 혼혈아 재민이가 동두천에서 뿌리 내리고 살기를 바라는 대목에서도 드러난 바 있다.16)

한편 한길이의 시선으로 그려진 결말 부분에서 작가는 평화에 대한 생각을 한층 구체화한다. 국가 폭력의 가해자이자 피해자였던 베트남 참전 군인인 아버지의 파괴된 일상과 비극적 죽음은 한길이가 비폭력 평화의 삶을 선택할 수밖에 없는 결정적 계기이다. 한길이가 양심적 병역 거부를 결단하기 전에 찾아간 한국군의 베트남 양민 학살 지역은 그런 점에서 아버지의 죄를 속죄하는 장소이자 비폭력 평화의 삶을 결단하는 재탄생의 장소이다.

한길이는 양심적 병역 거부 선언 뒤 있을 재판과 수감 생활을 하기 전에 아버지의 유해를 뿌린 할머니의 무덤가를 찾아간다. 그 곳에서 한길은 "연초록빛 산과 파란 하늘, 그 산과 하늘이 담긴 논과 농부의 부지런한 몸짓"(355쪽)을 내려다보며 "오랜만에 보는 평화로운 농촌 풍경에 몸과 마음 구석구석에 뭉쳐 있던 응어리들이 다 풀어지는 것"(354~355

단단히 뿌리를 내리는 법이라며 나를 위로했다."(『거대한 뿌리』, 199쪽)

16) "나는 재민이가 동두천에 남았으면 좋겠다. 거기서 연애하고, 장가가고 애 낳고 징하도록 오래오래 살았으면 좋겠다.(…중략…) 비록 그 땅이 예전의 비옥한 땅이 아닐지라도, 기름에 절고 쇳물과 쇳가루에 죽어가는 땅이라 해도 재민이와 재민을 닮은 아들딸들이 뿌리를 내리고 가지를 뻗어 그 땅을 정화시키며 살았으면 좋겠다."(『거대한 뿌리』, 204쪽)

쪽) 같은 느낌을 받는다. 이때의 땅과 자연은 치유의 힘을 드러내고, "평범하고 낮은 자리에 선 사람들"(339쪽)이 추구하는 소박한 평화를 상징한다.

이 작품에서 아쉬운 점은 선경과 한길의 시점이 장을 달리해 교차적으로 반복되는 대목들이 혼란을 일으킨다는 것이다. 선경과 한길이는 성격이 판이한 데에다가 중학교 이후 진로가 갈라지면서 경험하는 세계가 확연히 달라진다. 일인칭으로 서술되는 각자의 장에서 문체가 달랐더라면 두 인물의 서로 다른 성격과 환경이 입체적으로 드러날 수 있고, 혼란도 덜 수 있었을 것이다.또한 그 또래의 주인공들이 알기 어려운 말들(궁뚱망뚱한, 냉갈령, 우두망찰 등)이 구사되는 대목들도 인물의 시점을 넘어선 작가의 서술로 읽힌다. 일인칭으로 표현되어야 할 부분이 '선경이는'이라는 식으로 표현되는 등 서술 시점이 불철저한 부분도 눈에 띈다.

이 작품에서 아쉬운 또 다른 부분은 부모 세대의 사연을 형상화한 방식에 있다. 선경, 한길, 이재성 선생님의 부모 세대의 사연은 서사의 폭을 한층 넓히고 현실의 모순을 역사적 구조적으로 접근하는 현실주의 아동문학의 관점을 견지하는 대목이다. 하지만 인물의 인물의 대화를 통해 개인사를 일방적으로 늘어놓는 방식은 설교투의 계몽적 연설에 가까워 작품의 문학적 완성도를 떨어뜨린다. 소수자에 대한 우리 사회의 편견과 폭력의 문제를 비판적으로 다루려는 작가의 의도가 강해 동성애자 보라를 비중 있게 다룬 부분도 작위적인 결합으로 읽힌다.

세상의 편견에 맞서 외로운 사람들끼리 아름다운 공동체를 일구는 이야기는 『모여라, 유랑인형극단!』(낮은산, 2009)에서도 지속된다. 재개발을 앞둔 도시 변두리를 무대로 용역 회사의 부당 해고로 아파트 경비에서 쫓겨난 외할아버지와 사는 조손가정의 경수, 새로 생긴 대형마트 때문에 정육점이 망해 시골로 내려가게 된 치운이네, 이혼 가정의 민주, 민우 남매, 이주민노동자 아빠와 한국인 엄마 사이에서 태어난 혼혈아로 학교에서 왕따를 당하며 이모와 사는 안

〈사진 5〉 김중미, 『모여라, 유랑인형극단!』, 낮은산, 2009.

나. 이처럼 저마다 사연도 상처도 많은 아이들이 동네에서 작은 미술학원을 운영하는 남궁사부를 만나 인형극단을 만들면서 저마다의 꿈을 찾고 더불어 사는 삶의 길에서 동무가 된다.

작가는 독자층의 연령대를 낮춰 장편 동화로 구성하면서 전작인 『꽃섬고개 친구들』에서 사회적 편견에 맞서 평화를 나누

는 공동체를 일구는 주제를 잇고 있다. 등장인물들이 초등학생으로 집중되면서 아이들이 겪을 법한 일들과 고민을 다루었기에 전작에서 다룬 동성애나 양심적 병역 거부, 학교에서 자행되는 부조리와 집단 폭력과 같은 무거운 문제들을 다루지는 않았다. 하지만 경제적 약자나 이혼 가정의 아이들, 다문화 가정의 아이들에게 가해지는 사회적 폭력의 문제를 놓치지 않고 있다. 또한 농촌 공동체에 기반을 둔 '생태학교'나 '인형학교' 등 대안교육의 장을 고민하는 대목에서 작가가 지향하는 공동체에 대한 구상이 2000년 초반의 작품들보다 좀 더 확장되고 구체화되었음을 확인할 수 있다.

작품에 삽입된 인형극 대본 〈길, 동무, 꿈〉은 '기차길옆작은학교'의 아이들과 중고등부, 그리고 대등부로 구성된 '칙칙폭폭 인형극단'이 2007년 춘천 아마추어 인형극제에서 공연해 대상을 탄 실제 대본이다. 『모여라, 유랑인형극단!』에는 작가와 작은학교 아이들의 꿈과 땀이 배어있는 인형극 공연 경험이 바탕에 놓여 있다.

다양성을 상징하는 '무지개'를 딴 무지개인형극단은 작가가 이 동화를 통해 전하고자 한 메시지다. 이혼가정, 조손가정, 다문화 가정 등 '결손' '결핍' '문제' 가정으로 비치는 가족들이 어우러져 새로운 형태의 공동체로 확장되는 후반부는 "가난하고 보잘 것 없는 사람들이 서로 돕고 나누며 어울려 사는"(118쪽) 다양성의 극대화를 보여준다. 즉 다양성이 존중되는 아름다운 공동체를 일구는 것이 우리 사회의 폭력과 부조리를 깰 수 있는 현실적 대안이라는 것을 보여준다.

동화는 "경수는 이번 소록도 공연에서 처음 무대에 올릴 새 인형극 생각으로 머리가 꽉 찼다. 이번 이야기는 도깨비와 가난한 아이들이 서로 힘을 합쳐 자신만의 행복한 마을을 만드는 이야기다. 경수는 오랫동안 사람들의 편견과 외로움에 지쳐 있었을 할아버지와 할머니들에게 통쾌한 인형극을 펼쳐 줄 생각으로 가슴이 설렜다"(310쪽)로 마무리된다. 실제로 김중미와 '칙칙폭폭 인형극단'은 2010년 정기 공연에서 〈얘들아, 거꾸로 가자〉라는 인형극을 통해 재개발로 삶의 터전에서 쫓겨날 위기에 처한 가난한 동네에 도깨비가 출현해 똥싸놓기, 변신하기, 씨름, 집 옮기기 등으로 동네 아이들과 함께 폭력에 맞서는 한바탕의 난장을 펼쳐냈다. 이러한 사실은 김중미의 작품이 그가 몸담고 있는 공동체의 구성원들과 함께 나눈 실제 경험에 단단히 뿌리를 둔 체험의 문학이자 실천문학임을 잘 보여 준다.

『모여라, 유랑인형극단!』의 무지개인형극단처럼 현실의 '칙칙폭폭 인형극단'은 트럭에 인형극무대를 싣고 가난하고 외로운 친구와 이웃이 있는 곳, 우리 시대의 아픔이 자리 잡은 두물머리와 용산 남일당, 평택 대추리와 제주 강정을 찾아 부지런히 발걸음을 옮기고 있다. 이처럼 작가가 동화에서 펼치는 소망은 '기차길옆작은학교'가 일구고자 하는 공동체의 지향이기도 하다. 『모여라, 유랑인형극단!』은 강화에 제2의 삶의 터전을 일구며 만석동과 강화를 부지런히 오가며 작가가 구상하는 아름답고 소박한 농촌의 생태 공동체를 문학적으로 선취해 낸 것일 터이다.

4. '전 지구적 사고, 지역적 실천'의 작가, 김중미

김중미는 "나는 글보다 앞서는 것이 삶이라고 생각한다. 창작을 하는 데 첫걸음은 역지사지의 마음이다. 즉, 나 아닌 타인의 삶에 대한 공감"[17]이라고 말한다. 그의 문학은 화려한 수사나 형식적 실험이 가득한 문학, 유쾌하고 발랄한 상상력이 돋보이는 문학이기보다는 삶의 모순이 드리워진 구체적 현장에 기반하여 어둡고 추운 곳을 밝고 따뜻하게 감싸 안는 진정성 담긴 체험의 문학, 여린 목숨들에 건네는

---

17) 김중미, 「내 글쓰기의 첫걸음은 세상을 향한 연민이다」, 김영진 외, 『나는 어떻게 쓰는가』, 씨네21북스, 2013.

연민과 위안의 문학이라 할 수 있다.

김중미의 문학은 인천 지역에 단단히 뿌리를 두고 있으면서 이 지역에 매몰되지 않고 삶의 보편성과 진실을 추구함으로써 우리 사회 곳곳에서 일어나는 모순을, 전 세계의 모순을 응시하는 데로 나아가고 있다.

이 글에서 살펴본 2000년 초반의 작품에서 2000년 후반의 작품으로 넘어가는 과정에 그의 자전 소설 『거대한 뿌리』가 놓여 있다는 사실은 그러한 인식의 확장과 무관하지 않을 것이다. 그는 『거대한 뿌리』의 「작가의 말」에서 "동두천이 아니었다면 나는 이 세상이 부조리하고 불공평하다는 것을 그렇게 예민하게 감지하지 못했을 것"이며 "동두천에서 자란 덕분에 힘세고 돈 많은 나라에서 온 미군들의 정체를 또렷이 인식할 수 있었고, 힘센 자들에게 빌붙어 자신의 주머니를 불리는 파렴치한 이들을 알아볼 수 있는 눈을 갖게 되었다. 나는 차별과 편견이 열등감에서 비롯된다는 것을 동두천에서 경험하고 배웠다. 그래서 동두천은 언제나 내가 극복해야 할 대상이면서 동시에 나를 성장하게 하고 바른 길로 이끄는 도반이기도 했다"(207쪽)고 고백한다. 사람에 대한 깊은 연민과 애정을 키울 수 있었던 곳, 작가의 실천적 삶의 원동력에 바로 동두천이라는 그림자가 있었음을 고백한 것이다. "나는 M동(인용자 주: 인천 만석동)에서 동두천을 만났던 것이다. 잊었다고 생각했던 동두천은 그림자로서 현실의 나를 움직여 왔던 것이다. (…중략…) 내 의식 밑바닥에 그림자로 살면서 끊임없이 현실과 맞서게 했던 동두천, 동두천은 내가 어떤 삶을 살아야 할지 어디로 가야 할지 갈팡질팡할 때마다 내 의식보다 앞서서 내 삶을 결정하게 하는 동기였다"(191~192쪽) "동두천이 이 땅의 음지"라는 것, "이 세상의 양지는 모두 음지를 딛고 서 있다는 것"을 알게 되었다고 한다. 작가에게 동두천은 "이 땅 어디를 가도 지워버릴 수 없는"(189쪽) 강한 흔적을 지닌 현실로 각인되어 있다. 작가는 소설 『거대한 뿌리』에서 "기지촌의 아픔을 간직한 과거의 동두천과 이주노동자의 아픔을 안고 있는 현재의 인천을 오가면서, 상반되지만 하나로 포개지는 두 겹의 민족문제에 대해 질문"[18]을 던지고 있다.

한국문학이 민족모순과 계급모순이 응축되어 있는 삶의 현장으로부터 자유로울 수 없는 것도 우리의 근현대사와 민중의 삶 속에 아픈 기억이 가득하고 지금도 그 상처가 지속되고 있기 때문일 것이다. 한국 현실주의 아동문학의 계보를 잇고 있다고 평가받는 김중미의 문학은 우리 사회의 다양한 모순을 비껴가지 않고 정직하게 응시한다.

---

18) 원종찬, 「현덕 문학의 전통—바닷가 도시빈민의 삶과 소년의 성장」, 인천작가회의, 『작가들』 23호, 2008년 겨울호, 63쪽.

김중미는 2012년 1월부터 현재까지 『개똥이네 놀이터』에 동화 「너영나영 구럼비에서 놀자」를 연재하고 있다.[19] 그는 동화 창작을 통해 분단국가 한국의 모순이 집약된 현장에 인간과 자연에 대한 연민의 눈길을 보내고 있다. 강정을 생명평화마을로 거듭나게 하기 위한 길 위에 그의 시선과 손길이 미치고 있다.

김중미는 '길 위의 작가'이기를 주저하지 않는다. 그는 "낮은 이들과 함께하는 삶은 언제나 지는 싸움"[20]임을, 그럼에도 "지는 싸움도 싸우는 것이 참된 인간"[21]임을 당당하게 보여준다. 그가 이 길을 선택한 것은 "작은 용기와 회심을 선택한 사람들"[22]로 인해 세상은 조금씩이나마 언젠가는 변하리라고 강하게 믿고 있기 때문이다. 그의 문학적 실천은 인천이라는 특정 지역을 넘어 한반도로, 전 세계로 닿아 있다. 김중미와 '기차길옆작은학교'가 우리 아이들 곁에 있어 인천은, 한국 아동문학은 자랑스럽다.

---

19) 이 원고는 2013년 4월 초에 작성된 것으로, 그 뒤 이 동화는 2013년 9월에 책으로 출간되었다. 원고 작성 당시 작품이 완성되지 않아 이 평론에서는 다루지 못했다 (김중미, 『너영 나영 구럼비에서 놀자』, 보리, 2013.9).
20) 김중미, 『다시 길을 떠나다 – 길 위의 신부 문정현』, 낮은산, 2011, 274쪽.
21) 43인 작가 지음, 현기영 추천평, 『그대, 강정』, 북멘토, 2013.
22) 김중미, 「작가의 말」, 『조커와 나』, 창비, 2013, 267쪽.

더 읽어볼 책들

• 도로시 데이 지음, 김동완 옮김, 『고백』, 복있는사람, 2010.

이 책은 20세기 대표적인 가톨릭 사회운동가인 도로시 데이(Dorothy Day)의 자서전으로, 원제는 오랜 외로움(The Long Loneliness)이다. 개인과 사회, 공동체, 절대자를 치열하게 고민한 지성의 순례기이자, 20세기 초반 미국 사회사를 세밀하게 보여주는 미국 기록문학의 주요 문헌으로 평가받는 작품이다. 김중미의 『꽃섬고개 친구들』의 주인공 한길이의 삶에 영향을 준 책으로 나오는데, 실제로 작가는 1990년대 초 도로시 데이의 자서전을 읽고 양심적 병역 거부에 대해 알게 되었다고 한다. 도로시 데이의 자서전은 천주교 신자로서 빈민지역운동을 한 김중미의 삶과 사상에 적지 않은 영향을 준 저서이다.

• 유동훈, 『어떤 동네』, 낮은산, 2010.

이 책은 '기차길옆작은학교'의 삼촌이자 어린이책 그림 작가인 유동훈이 '어떤 동네(인천 만석동)' 사람들의 삶과 그들의 터전을 사진과 글로 담아낸 사진에세이집이다. 김중미 작품의 창작 모티브가 된 인물뿐 아니라 작품 속 등장인물과 배경 등의 흔적을 찾아 볼 수 있다. '기차길옆작은학교'가 꿈꾸는 가난하고 낮은 자리를 지향하는 평화의 공동체에 대해 엿볼 수 있는 작품집이다.

• 김중미, 『거대한 뿌리』, 검둥소, 2006.

지은이가 『작가들』 5호(인천작가회의, 2001년 겨울)에 중편으로 발표했던 작품을 장편으로 개작해 단행본으로 출간한 장편소설이다. 과거 동두천 미군 기지와 오늘의 이주노동자 문제를 교차시켜 우리 사회의 민족모순과 계급모순의 중첩된 복합적 양상을 날카롭게 보여준 작품이다. 동두천 기지촌에서의 성장기와 빈민운동에 나선 청년기를 거쳐 오늘에 이르기까지 작가의 체험이 바탕이 된 자전적 소설이다. 작가를 끊임없이 '길 위의 작가'이게 하는 근원적 추동력을 이 소설 속에서 엿볼 수 있다.

・김중미, 『조커와 나』, 창비, 2013.

김중미의 첫 청소년소설집으로, 우리 사회 10대 청소년들이 대면하는 다양한 폭력의 양상을 5편의 단편소설에서 담아냈다. 인물의 내밀한 심리 묘사와 사건의 다양한 이면에 접근하는 시선, 묵직한 주제의식이 돋보이며, 폭력의 가해와 피해라는 선악의 이분법에서 벗어나 우리 모두 피해자이자 가해자일 수 있음을 직시하게 한다. 세계의 거대한 폭력에 맞서는 일이 어떻게 가능한가를 진지하게 묻고 있는 작품들로 짜여있다.

・김중미, 『다시 길을 떠나다 ─ 길 위의 신부 문정현』, 낮은산, 2011.

이 책은 김중미 작가가 쓴 문정현 신부의 평전이다. 작가가 2010년 『한겨레신문』에 문정현 신부의 삶의 궤적을 구술 정리했던 연재글 「길을 찾아서」를 다듬어 단행본으로 펴냈다. 평전을 쓴 김중미는 2000년 가톨릭노동사목을 매개로 문정현 신부를 처음 만난 뒤, 공부방 아이들과 함께 거리에 나가 정의와 평화를 외칠 때마다 그를 마주했다고 한다. 김중미는 예수의 벗이자 가난하고 보잘 것 없는 이의 벗으로 살아 온 문정현 신부 곁에서 그의 벗이 되고 싶어 그의 삶을 기록하게 되었다고 밝혔다. 이 기록은 김중미의 삶과 사상, 문학 세계를 이해하는 데에도 주요한 길잡이가 된다.

인천 문학의 지형과 특징

김윤식

연세대학교 문과대학 국어국문학과를 졸업하고 『현대문학』지에 시가 추천 완료되어 등단하였다. 2005년부터 2010년까지 인천문인협회 회장을 역임하고 현재 인천문화재단 대표이사로 재직 중이다. 『고래를 기다리며』, 『북어·2』, 『사랑한다는 것은 한 사람의 마음이 저문 종소리를 울리고 있다는 것이다』, 『옥탑방으로 이사하다』, 『청어의 저녁』, 『길에서 잠들다』 등의 시집과 공저 『간추린 인천사』, 『월미도 이야기』, 『인천은 불타고 있는가』, 『인천이야기, 옛날 옛적에』 등의 향토사 관련 저서 및 인천문화재단 총서 『도시와 예술의 풍속화 – 다방』 등이 있다.

인천 문학의 지형과 특징

1.

"먼저 본론에 들어가기 전에 한 가지 확실히 개념 정리를 해 둘 것이 있다는 생각이다. '인천의 문학 활동 분야'에 대한 범위 정의이다. 해묵은 이야기이기는 하나 여전히 우리는 이에 대한 명확한 대답을 가지지 못하고 있기 때문이다. 다시 말해 이야기의 핵심은 이 연감 자료에 '인천 출신으로 외지에서 활동하는 시인, 작가들을 포함'시킬지 여부에 대해 확론이 없다는 것이다.

비근한 예로, 2009년 인천문화재단에서는 인천 출생 작가 김애란의 소설집 『침이 고인다』(문학과 지성사, 2007)를 '인천우수도서'로 선정하면서 정작 연감 자료에서는 포함해 다루지 않았다. 이밖에 인천 출신 시인으로 인천에서 활동하다가 서울로 옮긴(불규칙하게나마 인천에서의 활동도 보인다) 장석남 시인의 『뺨에 서쪽을 빛내다』(창비, 2010)의 경우도 대상에서 제외되어 있는 실정이다.

이들의 활동은 광의든 협의든 '인천 문학 분야의 한 활동'으로 보아야 할 것이고, 따라서 본 인천문화재단 『문화예술연감』에서는 다루어져야 한다는 생각이다. 평생 서울에서 활동한 동리東里와 목월木月은 끝내 '경주 출신' 문인으로 남지 않던가. 참고로 이에 대해 필자가 수년 전에 제안했었던 원고 내용을 다시 한 번 상기해 보고자 한다.

'인천 문학 현황'을 고찰하기에 앞서 우리는 어떤 전제가 필요함을 느끼게 된다. 그 전제란, 다름 아닌 무엇을 '인천 문학'으로 규정할 것인가 하는, 인천 문학의 범주를 한정(限定)함을 이른다. 그러니까 '인천 문학'이라는 분명한 개념 설정 이후에야 그에 포함하는 문학 현황을 인천의 문학 분야로서 취급할 수 있다는 이야기이다.

통상적으로 우리는 '인천 문학'의 범위와 개념을 '인천 태생이나 인천 거주 작가의 활동 혹은 작품' '인천에서 이루어진 작가들의 활동 및 그 작품' '인천에서 이루어진, 문학 작품의 출판·간행 활동 및 그 작품'이라고 말한다. 세 번째 부문인 각종 문학 행사는, 주최자나 출연자의 출신, 거주, 또는 행사 내용의 구별 없이 '인천에서 개최된 모든 문학 행사'와 함께 '인천의 문인과 시민이 참가한 타 지역에 대한 문학 기행이나 답사 행사'를 대상으로 하는 수밖에 없다.

그러나 여기서 우리는 또 다른 제안과 질문을 내놓을 수 있을 것이다. 즉 인천 출생이나 출신 작가로서 그들이 서울을 포함한 타 시도에서 벌이는 문학 활동이 '인천 문학 활동'의 범주에 드는가 하는 질문이다. 그리고 나머지 제안은 앞서 설정한 '인천 문학'에 대한 한정(限定)이 인천문화예술연감이 견지하는 태도라면, 적어도 또 다른 한 장(章)을 할애하여 참고 자료로서라도 이런 인천 출신 외지 문학 활동가에 대한 정보를 손에 넣는 것이 어떠한가 하는 점이다.

이에 관련한 자료 조사나 파악이 상당히 어렵고 힘들 것이나 각 문인 단체, 문학 단체의 협조를 얻는 방법도 고려해 봄직하다는 점을 향후 하나의 과제로 제언한다.

이 글은 2010년 한 해 동안에 있었던 인천의 문학예술 활동을 총 결산하는 인천문화재단 발간, 2010년 『인천문화예술연감』에 필자가 집필한 문학 분야 총론의 일부분으로 '인천 문학예술'의 개념을 한정限定하는 데 따른 문제점을 짚어 본 것이다. 뒤집어 말해서 이 글은 인천의 '지역 기반, 혹은 지역성'을 명확히 하기가 어렵다는 것을 의미한다고 할 수 있다.

그만큼은 인천은 다른 지역과 달리 '그만의 지역 문단,

혹은 지역 문학'을 논하기가 어렵다는 사실이다. 그 이유는 정치, 경제, 사회, 문화 모든 면에서 거대한 블랙홀을 형성하고 있는 '서울과의 최단 거리'라는 인접성과 함께 인천이 전국 각지에서 모여드는 이주 유입 인구로 인한, 전국 최고의 인구 증가율을 가진 도시라는 부산스런 특성 때문이다.

그렇더라도 '인천 문학예술'에 대해서는 범 인천문단이라는 개념 속에서 논의할 수는 있으리라는 판단이다. 그들 개개 구성 분자의 성분에 대해서는 차치하고, 우선 인천문인협회와 인천작가회의, 두 문학 단체의 활동을 외면상, 그리고 좁은 의미의 오늘의 인천 문학예술의 지형으로 삼을 수 있기 때문이다.

2.

인천의 문학예술을 언급함에 있어서 지나간 전통시대로부터 현대에 이르기까지 그 변천 과정을 서술하는 것은 당연하다. 전통시대라 하면 근대 이전을 통틀어 이야기하는 것이지만 이 시기에 인천에 문학이 존재했다는 어떠한 자료도 얻을 수 없다. 인천은 1883년 개항 이후부터 그 역사를 논의할 수밖에 없다.

개항 이후 이른바 문화적 결집력이 생김으로써 1920년대에 들어서야 자연 발생적으로 문인들의 활동이 싹트기 시작했다고 해야 할 것이다. 인천은 지리적으로 서울과 가까울 뿐 아니라, 1920년대쯤에는 전국에서도 특히 교통이 발달된 지역 가운데 하나였다. 그 때문에 빠르게 변화하는 서울의 문화적 추이를 쉽게 접촉할 수 있었고 또한 근대적 시설을 갖춘 항구를 통해 이웃 고장이나, 이웃 나라의 문화적 영향을 빠르게 수용할 수 있는 여건 아래 놓여 있었다. 그러나 1920년대까지도 인천의 문학은 여전히 싹을 틔우지 못하고 있는 상황이었다.

인천의 근대 문학의 발아는 서울 소재 학교로 통학하던 이른바 '경인기차통학생 친목회'에 의해서였다. 물론 당시에는 등사판 간행물 형식의 회지會誌를 만들어 내는 것이 고작이었는데, 여기 글을 수록한 인물들은 정노풍鄭盧風, 고유섭高裕燮, 이상태李相泰, 진종혁秦宗爀, 임영균林榮均, 조진만趙鎭滿, 고일高逸 등이었다. 이들이 주축이 되어 결성한 '제물포청년회'에서 기관지 『제물포』를 발간하기도 했다.

1930년대에 들어서면서 어느 정도 문학적 습작 활동들이 보이기 시작한다. 진우촌秦雨村의 주도 아래 『습작시대』가 만들어져 당시 서울에서 활동하고 있던 소설가 엄흥섭嚴興燮 등 다수의 문인들이 기고하고 있었고, 김도인이 잡지 『월미

月尾』를, 이어 30년대 후반에는 우봉준이 『아이생활』이라는 잡지를 발간했는데 여기에는 박목월朴木月, 박화목朴和穆 등이 작품을 실어 인천 문학의 토양을 살찌운다. 이 시기에 「남생이」의 작가 현덕玄德도 등장한다.

1940년대에는 희곡 작가 함세덕咸世德이 등단하고, 8·15 해방 후 5년 간, 김차영金次榮, 배인철裵仁哲 등이 활동한다. 김차영은 해방 후 인천에서 최초로 『문예탑文藝塔』이라는 문예지 성격의 동인지를 발간했다. 또 이 무렵에 '문학가동맹'이라는 좌익계 문학단체가 결성된다. 배인철은 '신예술가협회'라는 단체를 결성하기도 했는데, 여기 참가한 문인은 오장환吳章煥, 서정주徐廷柱, 김광균金光均 등이었다. 한편 표양문表良文, 함효영咸孝英, 최태호崔台鎬, 한상억韓相億, 김차영, 강춘길姜春吉, 최병욱崔炳旭, 이진송李秦松 등이 참가한 '시와 산문' 동인도 왕성한 활동을 펴나갔다.

1950년 6·25전쟁 바로 직전에 문총文總 인천지부가 결성되었고, 문총 서울본부가 전시戰時 비상조치로 그 명칭을 '문총구국대'로 임시 개칭하고 활동에 들어감에 따라 인천문총도 '인천문총구국대'로 개칭하게 된다. 이 시기에 활동한 문인들은 이인석, 한상억, 조병화, 최성연, 표양문, 고봉인, 임진수林眞樹, 김양수, 김차영 등이었다.

6·25전쟁 이후 인천에서 최초로 동인지 운동을 시작한

사람은 최병구 시인이었다. 그가 결성한 동인 '초원草原'에 이어 이정태李鼎泰, 낭승만浪承萬, 손재준孫載駿에 의한 '사파砂坡' 동인이 생겼고, 김영달金泳達, 홍명희洪明姬 2인 동인의 작품집 『소택지대沼澤地帶』가 선보이기도 했다.

또 그 무렵 비교적 장년층에 속하는 연배의 산문 작가들로 구성된 『해협海峽』 동인도 탄생했다. 조수일, 김창흡金昌洽, 심창화沈昌化, 김창황金昌璜, 최정삼崔定三 등이 바로 그 멤버였다. 이밖에 독자적으로 활동해 온 시인들로는 최승렬崔承烈, 이광훈李廣薰이 있다.

1960년대에 들어서면서 인천 문단은 당시 경기도문인협회지부가 위치한 지역 문단으로서 활동이 늘어나고 강화되기 시작한다. 이 무렵 대학생 문학 그룹인 '타원楕圓'이 이석인李錫寅, 허욱許旭, 김규환金圭煥, 김종현, 천기철 등의 동인들에 의해 꾸며졌다가 '사라호' 동인으로 변신했고, 그밖에 '모래알'과 '산꽃' 등의 동인 그룹이 활동했다. 1966년 '문혼文魂'은 애초 '해일海溢'이란 이름으로 출발했는데, 이들의 구성원은 조남현, 김봉신金峯信, 김윤식金允植, 신상철申相徹, 정승렬丁承烈, 박대석朴大石, 손문수孫文洙 등이었다.

1960년대에 등단한 김일주金一柱, 이정길李貞吉, 윤조병尹朝炳 등에 이어 김흥규金興圭가 1971년에 동아일보 신춘문예에 평론으로 당선했고, 조남현曺南鉉도 1973년에 역시 동아일보 신춘문예 평론부문에 당선했다. 조우성趙宇星이 1975년 심상을 통해 등단하고 김상렬金相烈이 1975년 한국일보 신춘문예에, 우선덕禹善德이 1976년 역시 한국일보 신춘문예로, 이어 조일도가 1977년 중앙일보 신춘문예 희곡부문에 당선했으며, 정승렬이 1979년에 시문학지로 등단했다.

70년대에 출발한 '내항문학' 동인, 1973년 10월에 경기도를 포괄하는 문인들을 영입하여 '경기시문학동인회'를 결성하고 '시류'라는 동인지를 3집까지 펴냈다가 개명해『표류』라는 동인지를 펴내면서 '표류문학회'로 개명하였다. 1980년에 들어서 '표류문학회'와 '묵시문학회'가 합병하면서 내항문학회로 개명하고『내항』이라는 동인지를 간행하며 오늘에 이르고 있다.

문협 지부장을 오랫동안 맡아 인천문협을 이끌었던 김양수는『현대문학』을 중심으로 평론 활동을 전개하여 명성을 떨쳤고, 낭승만은 서울에서 터를 잡고 활발한 시작 활동으로 이름을 내고 있었으며 이정길은 아동문학 활동을 활발히 전개했다. 한순홍 또한 이 시기에 활동했던 사람 중에 하나이다. 「그리운 금강산」을 작사한 한상억 시인은 예총을 이끌며 꾸준히 작품을 발표했다.

이 무렵 최병구에 의해『인천문학』이 창간되었고, 최경섭, 이석인, 심창화, 이정태, 김일주, 김창황 등도 작품집을 내며 70년대를 풍요롭게 장식했다.

이원규, 김윤식의 등단에 이어 서동익, 이효윤, 박서혜, 장종권, 김성제, 한상열, 한미령, 이부자, 김정옥, 나혁채, 이은미, 최건, 박일, 이영유, 임노순, 황성조 등이 등단하면서 인천에서 문학 활동을 했다. 또 소설부문에는 정동수, 정태륭, 김인숙, 이항복 등과 평론의 문광영이 속속 등단을 마치고 활동했다.

인천문단을 지탱해 온 김양수를 비롯하여 최원식, 윤영천, 홍정선, 이가림 등의 활약과 한순홍, 김구연, 조우성, 이희철, 윤조병, 이원규, 정승렬, 김윤식, 조일도 등이 인천 문학의 무게를 더하는 가운데, 『인천 문단』의 속간과 계간 전국문예지 『학산문학』이 발간되기도 했다.

1980년대에는 '내항문학동인회'에 이어 '제물포수필문학회'가 결성되었고, '시작업동인회'와 '여류문학회'도 이 시기에 활발한 활동을 전개했다. 1980년대 말 인천광역시 공무원문학동우회가 결성되기도 했다.

1990년대에는 낭승만, 김윤식이 오랜 휴식 끝에 시집을 내어 관심을 모았다. 장석남이 계간지 『황해문화』 편집장을 맡아 크게 활약했고, 김영승이 계간지 『학산문학』 주간을 맡아 폭넓은 활동을 했다.

이가림이 인천작가회의를 이끌며 시인으로, 비평가로 활

약을 했고, 장종권이 『내항문학』을 이끌며 계간지 『세기문학』의 주간으로, 또 문학계간지 『리토피아』 편집인 겸 주간으로 활약했다. 1990년대에 두각을 나타낸 시인으로 이경림을 꼽을 수 있다. 이 시기에 고창환, 고광식, 신현수, 류제희, 이세기, 박영근, 오석균, 최성민, 배선옥 등이 등장, 활동했다.

소설은 강인봉, 방현석, 김한수, 서동익, 최임순 등이, 그리고 이재숙, 고형옥과 '굴포문학회'를 중심으로 김진초, 이목연, 그리고 이해선, 이옥금 등이 탄탄한 활동을 보여 주었다.

이 시기 아동문학은 흰모래(이희철), 구경분, 장현기, 그리고 기존의 이정길, 김구연, 이동렬 등과 신진으로 장영애, 현금순, 강혜기, 원유순, 안선모, 김경희 등이 가세한 가장 풍요로운 상황이었다. 주목할 만한 문학 동인으로는 90년대 새로 모습을 드러낸 동인으로는 '굴포문학회'가 있다. 2000년대 이후에는 상당히 세대교체가 이루어져 80~90년대 등단한 문인들이 인천 문학을 이끌고 있다.

3.

다소 장황한 감이 있지만, 이상에서 인천 문단의, 인천 문학의 어제를 살펴본바, 그동안 인천 문학의 역량과 성과

가 전국 어느 지역에 비해 뒤지지 않는 상당한 축적량을 가지고 있음을 알 수 있다. 이제 이러한 바탕 위에 오늘날의 인천 문학예술의 현주소는 과연 어떠한가 하는 점을 따져 볼 순서이다.

2000년~2010년 사이, 인천 문학을 말하는 것은 그것이 곧 인천 문학의 현황, 곧 지형을 이야기하는 것이라고 할 수 있을 것이다. 먼저 그 현황의 계량적인 면과 그 다음 내용적인 면을 나누어 살펴보자.

계량적이라면 문학 분야 활동의 총체總體를 계량화 하고 자료화 해 보자는 것으로 우리가 얻는 것은 순전한 숫자적 집계, 통계 자료이다. 예를 들어 한 해 동안 몇 권의 문학 서적이 발간되었고, 또 몇 건의 문학 행사가 치러졌나 하는 식의 항목별 수치 통계와 연도별 대비가 그것이다.

문학 각 장르를 인천은 대략 40건 안팎의 평균 생산량을 시현해 온다. 시집이 60~70%를 차지한다. 그동안의 추세를 볼 때, 단행본 발간은 거개가 개인 작가들에 의해 이루어져 온 것도 한 특징이다.

장르별로 먼저 시집류는 지난 5년간 평균 24건 정도의 발간 실적을 보인다. 단행본 중에 소설집 발간은 4건 정도로 꾸준한 평년 수준을 유지한다. 현재 인천에서 활동하는 작가의 수가 많지 않은 현실을 감안할 때, 매년 이 정도 수

준을 유지하고 있다는 것 자체가 '고무적'이라고 평가할 만하다.

근래 활발한 활동을 보이고 있는 아동문학 장르는 점차 양적 증가 양상을 보인다. 그러나 내부를 들여다보면 매년 두세 작가가 중복해서 작품집을 내고 있음을 알 수 있는데, 이것은 곧 인천 지역 아동문학가 인구 저변의 협소함을 드러내는 대목이라고 할 것이다.

이론·평론 장르는 다소 연도별 편차를 보이기는 해도 역시 4~5건의 평균치를 유지하고 했다. 워낙 전문 작가가 희소한 형편이라 희곡 분야는 2~3년에 한 건씩의 명맥 유지가 고작이다. 수필 분야는 평균 7건으로 현역 작가 수에 비해 현저하게 빈곤한 양상이라는 느낌이다.

전국적인 현상이나 문예지 발간은 상당히 증가세임을 알 수 있다. 지역이라는 여건 속에서도 두 종류의 계간 전국 문학지와 한 종류의 전문 시사 종합문예지를 발간하고 있는 것은 인천의 문학 역량이 지역 한계를 넘어 이미 상당한 위치에 도달했음을 증명한다고 할 것이다.

한편 내용면에 있어서는 일부 작가의 작품이 전국적인 반향을 불러일으키기도 했지만 대체로 '지역 수준'에 머무른 것이 많았음을 지적하지 않을 수 없다. 스스로 자신을 지역에 한정하는 의식 행태나 끊임없는 연마와 천착과 사고 없이 기계적인 글쓰기에 **빠**지는 경우를 종종 보게 된다. 또한 수준 미달의 검증되지 않은 잡지사 등의 무분별한 등단 관행과 그를 통한 숱한 문인 인구의 증가를 인천에서도 수없이 목격하게 된다. 이 같은 사태는 문학의 내용, 곧 질 저하로 귀결되고 급기야 독자와의 괴리를 갖게 된다는 점에서 마땅히 우리 스스로 경종을 울려야 할 것이다.

다음으로 인천 문학예술의 현주소를 살펴본다. 이 글은 『인천중구사』 문화편 발췌, 초록이다.

2000년 새로운 세기에 들어서자 한국문학은 '감각' 중심으로 달려가기 시작했다. 주요 문학상 수상작과, 비평가들에게 주목받는 작품 들은 모티프를 얻는 순간부터 서사의 구성, 문체에 이르기까지 감각을 중시하는 글을 썼고 그것이 새로운 기대 지평으로 자리잡았다. 시인과 작가는 자신의 삶과 사회적 현실 등 존재하는 사실을 작품에서 재현하던 전통적 방법을 거부하고 '상징적 상상'을 통해 새로운 차원의 문학적 현실을 만들어 내고 있다. 이전 문학이 정체성을 찾기 위해 방황하는 지식인의 고뇌를 그렸다면, 이 시대의 문학은 기발한 상상력을 동원해 삶의 문제를 가벼운 방식으로 다루고 있는 것이다.

인천문단의 기성문인들은 어떤가. 위에서 말한 현상을 대체로 둔탁하게 수용하면서 글을 쓰고 있다. 사회 참여의 성향이 강한 작가회의 소속 문인들은 물론이고 순수문학을 중시하는 입장에 선 문협 쪽 문인들도 그러했다. 그런가하면 1970년대에 그랬던 것처럼 무수히 많은 시인 작가 지망생 들이 중앙문단에 화려하게 등단했다. 그들의 작품 성향은 위에서 말한 새로운 기대 지평에 충실한 것이었다.

또 하나 특징으로 주목할 것은 정치적 상황의 변화에 따른 인천 문단 판도의 변화이다. 1998년 시작된 김대중 정부 5년과 노무현 정부 5년 모두 합해 10년 동안 그늘에 볕이 들듯이, 지난날 마치 반정부 세력처럼 치부되었던 작가회의 문인들에게도 공적인 지원금이 지원되었던 것이다. 덕분에 인천 작가회의 활동은 활발해졌고 문협 지회에 비견될 정도로 조직도 커졌다. 문협 지회와 작가회의 지회는 해방공간과 1950년대와 달리 대립하지도 갈등하지도 않았다. 축사를 하고 서로 격려하고 문협 쪽의 『학산문학』과 작가회의의 『작가들』에 원고를 교차 청탁하는 관계로 발전했다.

2000년대에는 인천 출신 또는 인천에 사는 문학 지망생들이 대거 중앙문단에 등단했다. 그것은 1970년대를 뛰어넘는 놀라운 성과였다. 류신, 이기인, 조혁신, 김정희, 김애란, 기정옥, 김경은, 유시연, 강경석, 박화연, 이경재, 조성문, 양진채, 홍명진, 홍희정, 이성률, 박미산, 장보영, 민구, 김금희 등이 신춘문예 등을 통해 화려하게 등단해 인천 문학계의 신선한 토양이 되고 있다.

여기서 잠시 인천작가회의의 탄생과 활동을 살펴보자.

다음의 글은 인천작가회의 창립 4주년에 즈음하여 2001년 7월 25일자 지역 일간지 〈중부일보〉에 실린 기사의 발췌문이다.

1998년 12월 창립한 민족문학작가회의인천지회는 짧은 역사에도 불구하고 인천문단 중심축의 하나로 왕성한 활동을 하고 있다.

인천작가회의의 모태는 유신정권에 반대한 문인들의 자생적인 조직인 자유실천문인협회이다. 지역문학의 새로운 돌파구를 찾고자 비단체 활동을 하던 문인과 사회참여와 현실참여 의지를 갖고 있는 민족문학작가회의 회원들이 중심이 돼 태동했다. 이가림, 정세훈, 이경림, 박영근, 김명인, 김한수, 정화진, 이세기 등 인천 지역에서 창작 활동을 하는 작가들 58명이 현실에서 동떨어진 기존 문단의 보수성을 반성하고 현실과 사회 참여의 기치를 내걸고 창단해 오늘에 이른다.

문협에 비해 회원 수는 적지만 국내 문학을 대표하는 문인들로 구성돼 짧은 활동기간 동안 젊고 패기 찬 창작 활동으로 주목을 받고 있다. 인천작가회의가 문단에 본격적으로 등장한 것은 1999년 말 기관지 『작가들』을 펴내면서부터이다. 그때까지 인천을 대표하는 문예지는 인천문협의 『학산문학』뿐이었으나 『작가들』의 창간으로 인천의 문단은 진보와 현실 참여를 기치로 내건 인천작가회의와 순수문학을 대표하는 인천문협의 상호 보완적인 경쟁 체제로 돌입하게 된 것이다.

『작가들』은 지령을 쌓으며 국내 문학계에 '인천 문학'을 알리며 지역문학이 곧 한국문학의 주축이라는 공감대를 형성하고 있다. 인천작가회의는 '황해문학생태기행'을 통해 연평도와 강화도 일대의 민담과 전설, 민요를 발굴하여 향토문학 발전에 기여했으며 특히 1999년 연평도 일대를 탐방한 제1회 '황해문학생태기행'에서는 서해교전으로 남북의 긴장이 고조된 시점에서 남북의 분단 현실을 직접 체험하기도 했다.

'작가포럼'은 인천작가회의 회원들의 내부 결속을 다지고 문학성을 향상시키는 토론의 장이다. 또 매년 '민족문학제'를 개최해 인천 시민들의 문학적 향수를 충족시키고 있다.

인천작가회의는 산하 단체로 청년문학위원회와 노동문학위원회를 두어 젊은 작가들을 양성하는 데도 주력하고 있다. 작가회의는 문학의 낭만성과 순수성 등을 외치면서 사회 비판 기능이 상실된 문예 창작을 반성하고 작가들의 세계관과 세계적인 현실을 통찰해 현실에 도움이 되는 문학적 실천을 수행하고자 노력하고 있다. 지역 문학이 침체되고 중앙 문단으로부터 소외된 현실에서 지역 문학의 활성화를 위해서 이제는 작가들의 시선이 지역으로 돌아와야 하고 작가 스스로 지역 문학 경시 풍조와 문학 엘리트주의를 벗어던져야 된다는 점을 강조하고 있다.

4.

서두에서 언급한 대로 인천은 그 지리적 특성, 서울을 코앞에 둔 지역적 불리함으로 인해 문학적인 면에서도 매우 큰 영향을 받고 있다는 점이다. 이러한 지리적 불리의 첫번째가 인천 문학 인구의 서울 유출이다. 평단의 중진 김홍규, 조남현을 위시해서 소설가 정동수, 우선덕, 김상렬 등등과 시인 윤제림, 장석남, 이문재, 박형준, 이기인 등이 인천 출신이나 서울에서 활동하고 있다.

이와 더불어 소설분야, 희곡 분야, 아동문학 분야 등의 문학 인구의 희소 문제 역시도 인천 문학예술계가 풀어야 할 과제라고 할 것이다. 또한 남북이 대립하고 있는 정치 상황과 지리적인 특성을 살려 민족 화합의 문학적 고뇌와 접근 노력의 필요성이다.

또 한 가지는 인천 정체성과 관련한 지역 담론을 문학적으로 승화시킨 작품 생산을 위해 문협, 작가회의의 대승적 상호 교류 필요성도 현안 과제로 떠오른다. 이런 여건 속에서도 인천 특유의 도시 역동성과 능동성을 감안할 때 인천 문학예술의 발전 가능성은 낮지 않다고 할 수 있다. 상당수의 인천 토박이 신진 문학인들이 배출되고 있으며, 이미 타지에서 등단한 시인, 작가들의 유입도 적지 않다.

이밖에 사회 변화에 기인한 전통적인 문학 독자의 감소가 당면한 문제라고 할 때 이런 흐름에 대답할 수 있는 인천 문학 종사자들의 의식 전환도 시급한 과제가 아닐 수 없을 것이다.

더 읽어볼 책들

· 한국문인협회인천광역시지회, 『인천문협60년사』, 거미, 2007.

이 책은 한국문인협회 인천광역시지회에서 발간한 것으로 인천 현대문학의 발아(發芽)와 문단 형성 과정, 그리고 인천 문인들의 활동이 생생히 기록된 60년 인천 문학의 역사책이다. 특히 1920년대 경인기차통학생들에 의해 시작된 문학 활동과 1950년 인천문총구국대 결성, 1961년 인천문협 결성 내력 등 문협의 역사가 자세히 기술되어 있다.

· 인천작가회의, 『작가들』.

인천작가회의에서 펴내는 계간 문학지이다. 2004년 창간 이후 통권 48호의 지령을 쌓고 있다. 『학산문학』과 더불어 인천에서 발행되는 2대 전문 문학지로서 인천작가회의 회원 작품은 물론 전국 작가회의 소속 작가들의 작품을 수록함으로써 인천 및 한국 작가의 활동과 작품 흐름을 읽을 수 있다.

· 학산문학사, 『학산문학』, 도서출판 미소, 계간잡지.

1991년 창간된 인천 최고령의 전문 전국 문학지로서 인천문협 회원들의 작품 활동은 물론 전국 유명 작가들의 작품을 접할 수 있다.

동시대 한국문학의 흐름과
인천의 문학

조강석

연세대학교 영문학과를 졸업한 뒤 같은 학교 대학원 국문학과에서 박사학위를 받았다. 현재 인하대학교 한국학연구소 한국문학 전공 교수로 재직 중이다. 2005년 동아일보 신춘문예 문학비평 분야로 당선하여 현재 문학평론가로도 활동 중이다. 평론집으로 『아포리아의 별자리들』, 『경험주의자의 시계』가 있고 연구서로 『비화해적 가상의 두 양태』가 있다. 김달진젊은평론가상, 편운문학상 우수상들을 수상했다.

동시대 한국문학의 흐름과 인천의 문학*

1. 2000년대 한국문학의 키워드

1) 근대문학의 종언

2000년대 중반 출간된 『근대문학의 종언』에서 가라타니 고진은 한국에서 문학적 영향력이 급격히 저하된 것을 보니 이제 근대문학의 시대는 종언을 고한 것 같다는 발언을 했다. 이로부터 한국 문단에도 근대문학은 종말을 고한 것인가? 새롭게 대두되는 문학은 이전과는 결정적으로 다른

---

* 이 글의 전반부는 동시대 한국문학의 흐름을 일별하기 위한 것으로, 여기 실린 내용은 그간 필자가 좌담과 평론을 통해 동시대 문학에 대해 발언한 바에서 발췌한 것이다. 또한 후반부는 그런 흐름 속에서 인천 출신 작가들이 어떻게 고유하고 수일한 문학세계를 만들어 나가고 있는지를 다룬 것으로 이 부분 역시 그간 필자가 해당 작가들에 대해 쓴 글들을 참조하여 발췌했음을 밝혀둔다.

것인가 하는 논의가 촉발되었다. 이 문제는 2000년대 이후 한국 문학을 말하는 데 있어서도 대단히 중요한 의미를 지닌다.

「근대문학의 종언」이라는 글은 미묘한 개정 과정을 거친 뒤 발표되었다. 2004년 『문학동네』 겨울호 발표 당시 「근대문학의 종말」이라는 제목으로 발표된 글에는 이런 구절이 있었다. "실제로 한국에서는 문학이 학생운동과 같은 위치에 있었으며 현실에서는 불가능하므로 문학이 모든 것을 받아들이고 있었습니다. 그 경우 문학이란 소설이기보다 오히려 시였습니다." 그런데 2006년에 번역·소개된 책에서는 이 부분을 빼고 글의 서두에서 자신의 관심사가 근대소설의 종언임을 명백히 했다. 장르적 차이야 좀 더 깊이 따져봐야겠지만 여하튼 이미 일본에서는 80년대 초반에 문학의 종언을 봤다고 한 가라타니가 한국에 와 보고는 문학이 아직 죽지 않았다고 판단했던 이유는 장르를 불문하고 문학이, 현실에서는 불가능한 진선미의 통일을 달성할 수 있으며 문학이 진리의 인식과 윤리적 실천을 매개할 수 있다고 보았기 때문이다. 이 경우 그에게 우선적으로 중요한 것은 시나 소설 등 개별 장르의 문제라기보다는 문학의 실천적 기능과 사회적 영향력이었던 것이다. 곧 여기서는 근대 소설이 그 끝, 곧 목적(end)에 도달했으니 종말을 맞게 되었다는 목적론적 관점에 입각해서 장르의 흥망성쇠에 대해 상세히 설명하는 개정판 글의 입장보다 문학이 진리와 윤리에 대한 인식을 촉진시키면서 실천에도 기여할 수 있다는 문학사회학적 입장이 우선시되고 있다는 것을 알 수 있다. 그러니까 그 뒤에 부연된 설명이야 어찌되었건 애초 의도는 시건 소설이건 역사적 진리를 담을 수 있으며 이를 통해서 정치적 변혁을 호소할 수 있다면 바로 그것이 근대문학의 위의라는 다소 소박한 견해를 전제로 하고 있다는 것이다.

그러나 근대 문학이 아니라 문학의 가라타니식 이상의 경로는 폐쇄될지 모르나 그것은 사회적 담론과 궤를 같이 하는 경향이자 특성이지 단계가 아니다. 개정된 글에서처럼 문제를 근대소설 장르에 한정해 말한다고 해도 근대소설의 목적을 네이션 형성 과정 기여에 국한시키고 근대소설의 미학을 3인칭 객관 시점의 발명과 주로 결부시켜 설명하는 것에도 동의하기 어렵다. 아마도 미적 근대성이 근대 사회 형성에 기여하고 사회적 근대를 성화聖化하면서 동시에 이를 비판하고 넘어서려는 욕망의 동시적 반영과 관계

된다는 것을 생각해보고 또 동시에 장르 개념을 닫힌 것이 아니라 열린 것으로 받아들이는 통변의 개념을 다시 생각 해본다면 목적론적 장르론이라고도 말할 수 있을 근대소설 종언론은 여러 모로 다시 생각해볼 여지가 있다.

2) '미래파'(권혁웅)와 '무중력의 글쓰기'(이광호)

2000년대 문학의 사회성과 정치성의 문제는 그 대타항 에, 2000년대 들어 가장 떠들썩한 논쟁을 야기했던 '미래 파'(권혁웅) 논쟁과 '무중력의 글쓰기' 논쟁의 문제를 통해 다시 재현된다.

권혁웅은 겉으로 보아 난해하기만 하고 현실과의 관계가 전혀 없는 것처럼 보이는 개인의 환상을 열거한 것으로 비 판받던 젊은 시인들의 시도 여전히 생생한 체험의 소산이 며 감각적 현실의 표현이고, 진지한 고민의 토로라고 설명 하며 이들의 시가 우리 시의 미래라고 주장함으로써 '미래 파' 논쟁을 촉발시켰다. 초기에는 김민정, 장석원, 이민하, 김행숙, 황병승, 김경주 시인 등의 시가 그 대상이 될 수 있 었는데 이후 '미래파'라는 용어는 감각적 사실관계를 시의 현실로 승인할 것을 내세운 새로운 세대의 시인들을 지칭 하는 용어로 폭 넓게 사용되기 시작했다. 비슷한 시기에 이

광호는 2000년대의 젊은 소설가들이 정치적 죄의식과 역사적 현실의 중력과는 무관한 자리에 글쓰기의 존재를 설정할 수 있게 됐다며 '무중력의 글쓰기'를 옹호함으로써 시뿐만이 아니라 소설의 영역에서도 새로운 문학을 둘러싼 논쟁이 촉발되었다. 한유주, 김태용, 김중혁, 편혜영 등의 소설가를 중심으로 논의가 촉발되었으나 이 역시 이후에는 재현과 사실적 진술을 통해 현실을 직접적으로 반영하는 방식과는 다른 문법을 구사하는 작가들을 두루 지칭하는 용어로 사용되었다. 새로운 세대의 문학에 대해 여기서는 시를 직접 인용함으로써 그 일단을 엿보기로 하자.

(1)

계란이 터졌는데 안 닭이는 창문 속에 네가 서 있어
언제까지나 거기, 뒤집어쓴 팬티의 녹물로 흐느끼는
내 천사
은총의 고문으로 얼룩진 겹겹의 거울 속 빌어먹을 나야

「내가 그린 기린 그림 기림」 전문

(2)

나는 한 그루의 거대한 눈알나무, 밤마다 내 몸에서는 사랑스런 난자 대신 눈알들이 자라났다 개중 뼈가 휘도록 탱탱하게 살찐 녀석들은

고무공처럼 이리 팅 저리 팅 튀겨다니더니 나만 모르게 꼭꼭 숨어버리
곤 했다 어디 갔을까, 어디로 사라져버렸을까 어느 날 맞아죽은 개의
악다문 입 속에서 말똥말똥 눈동자를 굴리고 있는 눈알 한 개를 찾아
냈다 하지만 망치로 개의 이빨을 깨부수는 동안 부풀 대로 부푼 눈알
은 오히려 죽은 개를 한입에 삼켜버리고 마는 것이었다

「멀리 개 짖는 소리 들리더니」 전문

인용된 두 편의 시는 김민정
(인천광역시, 1976)의 첫 시집『날
으는 고슴도치』의 앞머리에 실
려 있다. 발표된 연대순을 무시
하고 시집의 앞머리에 이 두 편
의 시를 배치한 것은 다분히 의
도적인 것으로 보인다. 이 두 편
의 시들은 다행히 이 시집에 실
린 다른 시편들에 비해 이례적
일 만큼 친절한 편이어서 여러 가지 측면에서 이 시집의 낯
설고 기괴한 세계 속으로 독자들을 안내하는 일종의 "황금
열쇠"와 같은 기능을 하고 있다.

첫 번째 시를 보자. 우리는 여기서 익숙한 외적 정황과
생소한 내면 풍경에 접하게 된다. 익숙한 정황이란 무엇인

가? 내가 있고 네가 있으며 나와 너를 매개하는 혹은 매개하며 단절시키는 창–혹은 거울–이 있다. 본래 창 너머의 풍경을 소개하면서 동시에 이쪽과 저쪽을 날카롭게 베어내는 유리창은 여기서 한 쪽을 상㮾으로 투영 혹은 재현해내는 거울의 기능을 동시에 수행하고 있다. 때문에 눈치 빠른 독자라면 저쪽의 '너'가 실은 또 다른 '나'라는 것을 짐작할 수 있다.

"계란이 터졌는데 안 닦이는" 이 창은 투명하지 않다. 이 창은 외부 세계를 비추는 창이기는커녕 바라보는 이와 대상을 절연시키는 벽이기도 하고 동시에 그것을 바라보는 이쪽을 되비추는 거울이기도 하다. '나'는 여기서 창을 통해 세계를 내다보지 못하며 집요하게 이 안쪽을 응시하게 될 뿐이다. 더군다나 창은 이쪽을 "겹겹"이 되비춘다. 그렇기 때문에 '나'는 고집스럽게 이쪽을 되비추는 저 창 속의 "겹겹"의 '너'와 마주한다. 산란된 반사각으로 "겹겹"이 되비추며 이쪽을 다중적으로 생성해내는 저 거울 속에서 "빌어먹을 나"는 은총이고 순결인 동시에 모욕이고 고문이다.

시인은 이 시에서 이미 대상–관계에 의한 외적 세계의 재현이 아니라 저 먹통의 창에 겹겹이 되비치는 이쪽의 다중의 상㮾들을 여러 모로 제시해보는 것이 그의 주요 관심사임을 말하고 있다. 실상, "은총"이자 "고문"인 '나'에 대한 손 내밈과 그에 대한 세계의 '저주'의 양상을, 경쾌하고 익숙한 것인 양 그려 보이는 것, 그것이 이 시집에서 시종일관이 시인의 관심사이다.

인용-(2)의 「멀리 개 짖는 소리 들리더니」는 이 시집에 실린 시 중 그나마 평이한 진술로 이루어진 것임에도 불구하고 역시 독자들을 움찔하게 만든다. 기의로부터 독립을 획득한 기표들만의 놀음이나, 고도로 지적 조작된 정황에 의해 특정 관념이 지시되도록 얼기설기 판을 짜놓은 시들에 익숙한 독자라고 하더라도 이 시의 정황을 한 눈에 파악하는 것은 그다지 쉽지 않다. 우선, 이 시에는 고도의 지적 추상이 없다. 통사적으로 흔들림 없는 문장으로 이루어진 문장들을 하나하나 읽어 나가는 동안 독자들은 개별 문장의 단위에서 어색함을 느끼지 못한다.

그런데 개별 문장에 쓰인 비유의 어색함 없이 문장은 속도감 있게 전개되고 있지만 시 전체가 지시하는 정황은 모호하다. 실상, 이 시에서 독자의 미묘한 긴장감을 유발시키는 것은 비유가 아니라 정황이다. 통사론적 오류 없이 속도감 있게 진행되는 문장들이 지시하는 정황은 이렇다; '내 몸에서 난자 대신 자란 눈알들 중 탱탱하게 살찐 녀석들은 고무공처럼 이리 저리 튕겨나가곤 했는데 어느날 멀리 개 짖는 소리 있어 나가보니 맞아 죽은 개의 입 속에 눈알 한

개가 있길래 망치로 개의 이빨을 깨부수고 꺼내려 하니 오히려 눈알이 부풀어 올라 죽은 개를 한 입에 삼키더라.'

이 시는 추상적 관념을 제시하는 시가 아니다. 아마도 우리는 구문론적 오류를 갖지 않는 문장을 따라 읽으며 부풀어 오른 눈알이 죽은 개를 삼키고 있는 그림을 그려볼 수 있을 것이다. 그런데 이 그림 속 정황은 사실인가? 실제 일어날 수 없는 일을 묘사하고 있으며 현실의 대상을 재현해내고 있지 않다는 의미에서 이 그림은 사실적이 아니다. 그렇다면, 고도의 지적 추상을 선보이고 있는가? 아니다. 개별 문장들을 읽어나가면서 우리는 기괴하나마 나름의 형상을 지닌 '생생한' 그림을 얻을 수 있다. 있는 그대로의 현실을 재현해내거나 관념을 시의 전면에 내세우지 않으면서 다른 길을 걷는 이 시에 제시된 것은 감각이 제시하는 사실-관계이다.

감각의 사실을 통해 고정된 일체의 것을 흔들어 봄으로써 새로운 사실-관계를 드러내 보이고자 하는 시인의 의도는 '눈알' 이미지를 통해 단적으로 제시된다. 시인은 "나는 한 그루의 거대한 눈알 나무"라고 말하고 있다. 시선이 대상과의 거리를 전제로 하는 하는 반성적 사유의 은유로 종종 사용된다는 것을 염두에 두고 생각해 볼 때 그와는 달리, 이 시집에 가장 빈번하게 등장하는 이미지인 '눈알'은 구르고 만지며 만져지는 눈이라고 할 수 있을 것이다. 멀리서 짖는 소리를 내던 개는 청각과 시각적 상상에 의존하는 관념으로 존재한다. '내' 몸에서 퉁겨져 나와 대상과의 거리를 무화시키며 대상에 육박해 들어가는 저 구르는 눈의 정보에 의하면 관념의 개는 "이미 죽은 개"일뿐이다. 바로 그것이 '눈알'이 "이미 죽은 개"를 "한 입에 삼켜버리고 마는" 이유이다.

이 시가 현실의 대상을 인지 가능한 수준에서 재현하고 있지 않다고 비판할 이유는 없다. 우리는 현실 반영이나 재현 여부보다는 사물들의 사실-관계를 주목하며 시가 그려 보이는 감각적 사실이 얼마나 구체적이며 생생한 것인지 그리고 결국 이 감각에 의존하는 사실-관계를 통해 시인이 말하고자 하는 바가 무엇인지를 측량한 후 이 미학적 방법의 성패 여부에 대해 평가할 수 있을 것이다.

미래파와 무중력의 문학은 공히 작품 내적 현실을 제1의 현실로 삼는다. 그들은 '감각으로 사유하는 종'(유형진)의 문학을 추구한다. 그것의 의미는 무엇인가? 이 문제에 대해서는 세 번째 키워드와 더불어 논해 보자.

3) 미학과 정치, 혹은 미적인 것의 정치

시인 진은영은, 「감각적인 것의 분배」(『창작과 비평』, 2008, 겨울호)에서 자크 랑시에르의 논의를 활용하여, 미래파 이후의 문학 현실에 대해 반성적인 성찰을 촉구하며 감각적인 것을 분배하는 감성의 영역에서의 정치를 주장했다. 그것은 감각이 개인의 감수성에만 국한되는 것이 아니라 동시대의 공통감각을 혁신시키는 방식으로 정치적인 성격을 띨 수밖에 없으며 만일 그렇다면 문학은 현실의 재현이 아닌 방식으로, 동시대의 공통감각의 형성이라는 차원에서 정치적인 역할을 수행할 수 있다고 주장했다. 이와 더불어 문학과 정치에 대한 새로운 논쟁이 촉발되었다. 그리고 IMF 이후 세대들의 문학, 예컨대 김애란, 황정은, 김미월, 안보윤 등의 작품에 나타난 현실 인식 역시 재조명되기 시작했다.

미학과 정치의 문제 역시 간단한 것이 아니다. 김수영의 「생활현실과 시」에 제시된 것처럼, 언젠가 사회적 상황이 나아졌을 때, 지게꾼이 자기 삶에 대해 시를 쓰는 것이 전혀 거추장스럽지 않게 읽힐 수 있는 때는 꼭 올 것이다. 그런데 그의 시계는 조금 더 미래로 확장되는 것이 좋았을 것이다. 그는 김수영이 바랐던 미래가 우리 사회의 한 편에는 도달했다고 말했다. 적어도 노동자들이 자기의 언어로 쓴 시들이 발표되고 읽히기 때문이다. 그러나 조금 더 바랄 수는 없을까?

김수영의 「생활현실과 시」라는 산문은 그 제목이나 글의 소재에서 짐작되는 것과는 상당히 다른 함의를 담고 있다. 신동엽이 지게꾼이 느끼는 절박한 현실을 대변하는 시를 요청한 것에 대해 김수영이 지게꾼의 현실을 대변하는 시가 아니라 바로 지게꾼의 시라는 답안을 내보인 것처럼 보이지만 실상 여기서 김수영의 의도는 지게꾼의 시 쪽을 겨냥한 것이라기보다는 시의 언어적 한계조건을 들어 신동엽을 달래는 쪽에 가깝다. 김수영은 지게꾼의 시도 좋고 부르주아의 시도 좋고 서민적 경향도 좋고 실험적 경향도 좋으니 '시다운 시'가 하나라도 나오는 것이 우선이라고 명료하게 답했다. 심지어 김수영은 같은 글의 후반부에 "믿을 수 있는 작품! 사상은 그 다음이다."라고 명료하게 말하고 있다. 시가 현실과의 불협화를 표현하고 그것을 극복하고자 하는 동경을 보여줄 수 있지만 그것은 시 언어 고유의 문법 안에서의 일이며, 우선적으로 힘을 쏟아야 할 지점도 바로 그것임을 김수영은 명기하고 있는 셈이다.

김수영이 지게꾼의 시에 대해 둔 유보조항 즉, 지게꾼의 시가 나오지 않는 것은 여러 가지 사회적 조건이 결여되어 있기 때문이다. 김수영의 의도는 바로 이상으로부터의 거리를 드러내는 데 있다. 프랑스 혁명의 열광했던 프리드리히 실러의 '미적 국가'에 대한 언명을 생각해 보자. 프랑스 혁명의 이념적 토대를 제공한 당사자로서 혁명에 열광했던 실러는 혁명이 폭력적 사태들에 의해 변질되는 것에 실망하고 미적 교육의 필요성을 설파하기 위해『인간의 미적 교육에 관한 편지』를 썼다. 실러는 인간의 무한도야에 대한 믿음 자체를 놓지 않았다. 그는 감각적인 인간을 이성적인 인간으로 만들기 위해서는 우선 미적으로 만들 수밖에 없다고 주장하며 자연 국가와 윤리적 국가 사이의 왕국, 즉 미적 국가를 꿈꾸었다.

4·19혁명의 변질과 좌절을 목도한 김수영이 다시 절대적 완전을 향해 고개를 들게 되는 것은 미적인 것 특유의 영구 혁명을 미래완료형으로 받아들였기 때문이다. 그렇기 때문에 그는 시인이다. 김수영은 실러의 미래를 「사랑의 변주곡」에서, 현재의 간극으로부터 개시되는 미래완료로 만들어버렸다. 시가 아니라면 그것이 어떻게 가능하겠는가? 물론 김수영은 지게꾼의 시를 내심 소망했다. 그러나 그것은, 김수영의 표현 그대로, "장구한 시간이 필요한 자유로운 사회의 실현과 결부되는 문제"이되 틀림없이 '언어적 한계' 안의 사태임을 이 글은 명시하고 있다. 이때 김수영이 꿈꾼 자유가 어찌 검열이 없는 상태에 국한되겠는가? 장구한 시간 뒤

에 올 자유, 그것은 단순 미래가 아니라 현재로부터 계속되어 언젠가는 완료될 미래완료형 자유이며 시가 수행할 절대적 완전과 함께 오는 자유이다. 김수영은 간극의 정치 혹은 아이러니의 정치를 실현하고 있다. 실러의 이상, 미적 영구 혁명, 김수영이 꿈꿨던 나라, 그것은 현실에서 아이러니로 남는다. 지게꾼이 시를 쓰는 것 자체로 절대적 완전히 도래한 것이 아니다. 물론, 언젠가 장구한 시간에 걸쳐 자유가 도래할 때, 인간이 무한히 도야되어 낚시하듯 노동하고, 노동하듯 낚시할 때 지게꾼뿐만이 아니라 만인이 자신의 삶을 술회하는 것으로도 이미 충분한 시가 될 수 있는 시절이 반드시 한번은 올 것이다. 그러나 그것은 이상적 시인의 나라이다. 그 상태까지 간극을 밀고 가면서 간극을 사는 것, 섣불리 시민의 삶과 시인의 삶의 종합을 시도하지 않으며 그 간극 자체를 드러내고 간극을 견디는 것, 그래서 무엇보다도 그 간극이 우선 만져지게 만드는 것, 즉 시민으로서의 삶과 시인으로서의 삶의 아이러니를 견디고 그 아이러니 자체를 시로 사는 것, 그것이 현실의 시인에게 가능한 미학의 정치이다.

2. 동시대 한국문학과 인천의 문학

이 글은 동시대 한국문학의 지형도 전체를 그려보는 것을 목적으로 하지 않는다. 다만 동시대의 문학을 가늠하게 하는 척도가 무엇인지를 제시하는 것을 주된 목표로 할 따름이다. 앞서 논의된 것들을 정리하자면 다음과 같은 질문들을 매트릭스로 삼아 한국문학을 가늠하고 개별 작가들이 어떤 사유와 문법을 개진하고 있는지를 살펴볼 수 있을 것이다.

　(1) 문학이 진리 인식과 윤리적 실천을 매개할 수 있다는 근대적
　　　믿음은 유효한가?
　(2) 문학은 사회적 현실의 반영이자 재현인가 새로운 내적 현실
　　　의 창조인가?
　(3) 새로운 감수성은 텍스트의 미적 성취와 사회적 형식을 동시
　　　에 개변시킬 수 있는가?

이런 문제들을 염두에 두고 현재 한국 문단에서 중심적 역할을 수행하고 있는 인천 출신 작가들의 면모를 살펴보자. 아마도 미래파의 첫 머리에 김민정 시인이 놓인다면 무중력 글쓰기 세대의 첫머리에 김애란이 놓일 수 있다고 할

수 있을 것이다. 그런 의미에서 이 두 명의 인천 출신 시인과 소설가는 동시대 한국문학의 흐름 한 가운데에서 사건을 만들고 있다고 할 수 있을 것이다. 인천의 문학을 행위수행의 지역성이 아니라 언어와 사유의 연원이라는 차원에서 규정할 수 있다면 김민정과 김애란이라는 작가가 동시대 한국문학에서 인천발 태풍의 진원지라고 해도 과언은 아닐 것이다.

안보윤은 김애란과는 다른 계보에서 자신만의 문학 세계를 열어 간다. 김애란이 문학의 현실 연관성 문제 자체의 경계를 넘나들며 언어를 구사하고 있다면 안보윤은 조금 더 극적인 방식으로 자신의 현실을 창조하면서 문제의식을 중점적으로 전개하는 작가이다. 사건의 전개 자체는 조금 더 직정적이지만 그것을 통해 환기하는 문제 자체는 집중된 사유를 필요로 하는 방식의 글쓰기를 전개하는 안보윤은 표현의 리듬과 사유의 리듬 사이의 아이러니를 통해 문제를 효과적으로 제시하는 보기 드문 작가이다.

김민정 시인이 감각적 사실관계를 통해 내적 현실을 창조하며 언어적 현실과 사회적 현실에 동시에 충격을 가하는 시를 쓴다면 장석남 시인은 1990년대 이래로 한국서정시의 중심에 놓여 있는 시인이다. 그런가 하면 임선기 시인은 그와는 다른 맥락에서, 본연의 낭만성을 구현하는 시인이다. 두 시인에 대해서는 아래 인용된 작품을 통해 설명을 대신하고자 한다.

1) IMF 세대의 문학에서 타인의 고통에까지
‒ 김애란(1980)

현재 젊은 소설가 중에서 문학적 성과나 대중성 양쪽에서 공히 최고의 주목을 받고 있는 작가가 김애란이다. 김애란은 첫 단편집 『달려라 아비』를 통해 IMF 세대의 감성과 현실 인식을 특유의 유머 코드를 통해 개진한 작가로 주목 받았다. 최근 김애란은 단편 「물 속의 골리앗」과 같은 작품을 통해 세기말적 상상력을 발휘하며 감각적으로 지금 여기의 현실을 환기시키는 작업을 성공적으로 수행했는가 하면 『두근두근 내 인생』에서는 타인의 고통에 대한 존재론적 성찰을 선보였다. 이 소설의 기본 정황은 두 가지이다. 주인공 한아름이 노화현상이 급격히 진행되는 병을 앓고 있다는 것과 그에게 죽음은 곧 다가올 현실이라는 것이다. 이 소설이 처음부터 배제하고 있는 것은 고통의 존재론이다. 고통이 왜 존재하는가 하는 질문은 이 소설에서 철저하게 논외의 문제로 남는다. 다시 말해 이 소설은 '왜?'라는 질문을 서사 구조 안에 담고 있지 않다.

김애란의 『두근두근 내 인생』은 물리적 악에 대해서 연민을 배제하기 위해 최상의 노력을 기울인 소설이다. 평소 우리는 타인의 고통을 관찰하지 그에게 유일한 삶의 자연성을 생각하지 않는다. 그런데, 김애란은 소설 자체를 한아름의 시점에서 진행하고 중간에 통상의 관찰자적 시선을 부과하여 그것이, 그리고 그 시선에 깃든 동정과 연민의 태도가 한아름의 삶을 어떻게 정서적으로 침해하게 되는지를 극적으로 부각시켰다. 바로 이것이야말로 이 소설의 득의의 발견이다. 고통의 당사자가 동정과 연민의 시선에서 느끼는 불편함을 소설 내부의 시점 조정을 통해 독자가 직접 체험하게 하는 것, 그래서 저 선의의 연민마저 한아름의 '평온한' 내면에 어떤 불편함을 초래하는지를 가능하면 최대한 즉자적으로 알아채게 하는 것, 그것은 이 소설의 중요한 의도이다. 당신에게 하나의 삶이 있듯이 그에게도 고유한 하나의 삶이 있다는 것, 우선 이것을 승인하는 것이 중요하다. 그런 의미에서 김애란은 현실을 반영하는 작가라기보다는 현실을 창조하고 문제를 현실화하는 작가라고 할 수 있다.

2) 극적 현실의 창조와 폭력적 현실의 환기
– 안보윤(1981)

　　문학동네 작가상을 받으며 등단한 안보윤의 작품들은 한정된 공간에서 빈번한 충돌을 통해 잔혹성을 드러내는 인간관계를 조망하는 쪽으로 전개되어 왔다. 장편 『우선멈춤』은 소위 '막장' 가족의 이야기다. 가장은 성추행범이고, 엄마는 틈만 나면 가출을 하며, 딸은 원조교제를 하고 아들은 왕따이다. 이 가족을 둘러싼 인물들이 서로 얼기설기 얽혀서 잔혹성을 드러내는 이야기를 이 소설은 담고 있다. 관계의 폭력성을 전면에 내세우고 있는 것이다. 2013년 봄에 발표된 장편 『모르는 척』 역시 기본적으로 비슷한 맥락에서 읽힐 수 있다. 이 소설은 아버지의 죽음 이후 생계를 유지하기 위해 장남으로 하여금 자해를 통한 보험사기를 감행하게 하는 가족의 이야기를 다루고 있다. 심신이 완전히 망가진 채 어머니를 잔혹하게 살해하는 장남의 이야기 역시 겉으로는 잔혹성을 특징으로 하고 있다.

이것은 소위 인과관계 없는 폭력 자체, 폭력 혹은 잔혹성의 전경화라고 할 수 있다. 이성적으로 와 닿기 전에 먼저 감각적으로 충격을 줘서 우리로 하여금 반응을 촉발시키기 위한 잔혹성이기 때문이다. 마치 폭력이라는 에너지 자체가 주체고 인간들은 이 폭력이라는 에너지의 숙주들인 것처럼 묘사된다는 것이 안보윤 소설의 중요한 특징이다. 폭력은 떠돌아다니며 집을 찾고 인간은 바로 그 폭력이 숙주 삼는 존재자처럼 보인다. 그러나 안보윤 소설이 폭력이 인간을 숙주 삼는 사태를 반복적으로 그려 보이면서 부각시키는 것이 잔혹성만이 아니라 그와는 다른 방식으로 존재할 가능성이 있었던 관계들의 양태라는 것을 기억하는 것이 중요하다.

3) 감수성과 지성의 통합 – 장석남(1965)

(1)
저물면 아무도 없는 데로 가자
가도 고요는 도망가지 말아라

고요의 눈망울 속에 묻어둔
보석의 살들 – 이마 눈 코
깨물던 어깨,

점이 번진 젖, 따뜻한 꽃까지 다 어루어서

잠시 골라 앉은 바윗돌아 좀 무겁느냐?

그렇게 청매빛으로다가 저문다

결국 모과는 상해 버렸다

「저물녘─모과의 일」 전문

(2)

밥을 해먹기 시작하는 방이 있다

잠만 자던 방에서

기명들이 하나씩 모이고

솥에 마침내 쌀을 안쳐

밥을 끓인다

건건이를 벌려놓고 밥을 뜬다

숟가락 소리가 난다

젓가락 소리가 난다

고대처럼

밥 냄새가 나기 시작하는 방이 있다

잠만 자던 방에서

통곡이 시작되는 방으로

가을이 온다

「고대(古代)」 전문

1990년대 신서정을 주도한 이
래 계속해서 발전을 거해왔으며
그 결실로 2010년 미당문학상을
수상한 장석남 시인의 시세계는
감수성과 지성이 통합되는 드문
예를 보여준다. 그는 혼히 대표
적인 서정 시인으로 꼽히지만 그
의 작품은 단순히 정서의 유출이
라기보다는 지적인 사유를 자극
하는 특징을 보인다. 인용된 두
작품은 소멸과 시간에 대한 사유를 감각적 표현을 통해 전
개한 예이다. 여기에는 관조나 통달이 아니라 깊이 있는 통
찰과 인식이 담겨 있다. 달관한 자의 체념이나 아쉬움보다
는 시간의 흐름을 세심하게 지켜보는 이의 사유가 감각적
표현을 통해 잘 드러나는 작품들이라고 할 수 있다. 이른바
이미지-사유의 단적인 예가 아닐 수 없다. 「저물녘—모과
의 일」는 소멸에 대한 감각과 낡아가는 것을 바라볼 때 마

음속에서 운동하는 무언가에 대한 이미지가 잘 표현되어 있고, 「고대」는 시간과 연면함, 그리고 그 안에서의 세상사의 우여곡절이 감각적 이미지를 통해 포착되어 있다. 장석남 시인은 이처럼 한국 시단에서 감수성과 지성이 통합되는 서정시의 새로운 영역을 개척해나가고 있다.

4) 낭만적 정신 본연의 시 - 임선기(1968)

(1)
꿈에 나비가 한 마리 날아와
내 가슴 위에 앉아 있었다

가냘픈 바람에도 나는 불안하였다

간밤에 나비가 한 마리 날아와
창에 파닥였다
별자국이 몸에 많은 그 나비를 보는데
'憧憬'이란 말이 떠올랐다

그때 좀더 낮은 곳으로 별 하나가 내려 앉았다

「꿈 속의 나비」 전문

(2)

사람들과 다른 방향으로

나아갔네

바람소리 물소리 소금기 어린

파도소리

잔잔한 어둠들이 보였네

벗을 기다렸으나

아무도 오지 않았네

기억 속에서

망설임이 가득한 눈빛이

떠올랐네

내게는 그 눈빛이 詩였네

어느 오후 작은 공원에서 본

그 아이 같았네

「詩」 전문

　임선기는 우리 시에서 낭만적 정신의 원형을 보여주는
드문 예에 속한다. 감정의 과잉이나 자연에 대한 과도한 친

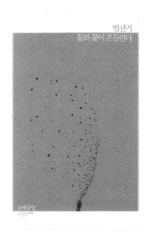

밀감을 드러내는 대신 그는 실재와 소통하기를 열망하고 지금 이곳과는 또 다른 지평을 "동경"하는 에너지를 시의 동력으로 삼는 시인이다. 인용(1)에서 이런 특징은 여실히 드러난다.

우선, 꿈속의 나비와 현실("간밤")의 나비가 선명히 대비되는 것이 눈에 띈다. "꿈"에 찾아든 나비는 그대로 시인이 "동경"하는 세계의 전령과 같은 것이라고 할 수 있다. 그런데 사태는 3연에서 변모한다. "꿈" 속에 찾아와 동경의 세계를 환기하던 나비는, 꿈이 아닌 현실의 시간에, 그러나 낮이 아닌 밤 시간에 다시 시인을 찾아온다. 몸에 "별자국"이 많은 "나비"는 시인이 동경하는 세계의 유적들을 지니고 있다. 그러나, "꿈"속에서 "내 가슴 위에 앉아 있"던 나비는 이제 창가에 붙어 파닥거린다. 낭만적 열정은 본래 현실 원리와 낮의 논리가 정초한 '이땅'의 생리와 "동경"이 투사된 저 '먼 곳' 사이의 낙차로부터 비롯된 것이니, 그것은 현실의 상처와 이상에 대한 동경을 양가적으로 연소시키며 점화한다.

이처럼, 나비와 나를 차단시키는 창은 두 세계의 거리에 대한 은유이다. 차단된 창으로 인해 나비가 속한 저 "별"의 세계에 이를 수 없다면 경로는 내부를 통해서만 마련되리라는 것이 시인 특유의 사유이다. 그리고 이때, 시인을 이 내부의 실재로 이끄는 것은 "동경憧憬"이다. 아니, 좀 더 정확히 말하자면 "동경憧憬"을 발음함으로써 시인은 내부로 향한다. 이것이 낭만적 정신이 그 소통의 열망을 '저곳'의 지평을 더듬는 언어, 근원을 발음하는 언어에 위탁할 때 부여한 과제이다. 그리고 이렇게 말과 실재의 유적을 함께 탄생시키는 것이 바로 낭만적 시의 위의威儀이다.

이런 양상은 인용(2)에서도 잘 드러난다. 소리의 유적들과 조우하는 저 "잔잔한 어둠" 속에서 "눈빛" 하나가 떠오른다. 다른 세계에 대한 예감을 말의 현실로 바꾸는 눈빛, 그것이 바로 그의 시인 것이다.

이처럼, 임선기 시인은 사유와 몽상, 인식과 공감, 낮과 밤, 빛과 소리가 시를 통해 하나의 옷을 입게 하는 시인으로, 우리 시에서 보기 드문 낭만적 정신 본연의 시세계를 일구어 가고 있다.

더 읽어볼 책들

• 가라타니 고진 저, 조영일 역, 『근대문학의 종언』, 도서출판b, 2006.

가라타니 고진의 최신작 「근대문학의 종언」을 완역한 책. 이 책에는 일본은 물론 우리나라에서 커다란 충격으로 받아들여진 강연문 「근대문학의 종언」과 그것의 연장선상에 있는 소세키론인 「문학의 쇠퇴」가 담겨있다. 또한 『정본 가라타니 고진집』, 『트랜스크리틱』, 『일본근대문학의 기원』 등의 논의를 다시 살펴보는 최근의 대담과 좌담을 수록하였다.

• 김민정, 『날으는 고슴도치 아가씨』, 열림원, 2006.

1999년 『문예중앙』을 통해 시작활동을 시작한 인천 출신 김민정 시인의 첫 시집. 그가 이번 시집에 담고 있는 세계는 공포와 혐오로 일그러져있다. 김민정의 시는 지적 해석으로는 다가갈 수 없는 곳에 존재한다. 어떤 계산도 적극적인 자기 의식도 배제된 날 것 그대로의 문법으로 가혹하고도 냉혹한 현실을 그로테스크하지만 희극적이고 만화적으로 노래하고 있다.

• 김애란, 『두근두근 내인생』, 창비, 2011.

인천 출신으로, 최근 한국문단에서 가장 주목받는 소설가인 김애란의 첫 장편소설이다. 가장 어린 부모와 가장 늙은 자식의, 우리 모두의 가슴을 두근거리게 하는 청춘과 사랑에 대한 눈부신 이야기가 펼쳐진다. 벅찬 생의 한순간과 사랑에 대한 반짝이는 통찰이 돋보인다.

• 안보윤, 『모르는 척』, 문예중앙, 2013.

인천출신 작가 안보윤의 다섯 번째 장편소설이다. 안보윤은 일상의 보이지 않는 폭력과 그것에서 파생되는 비극적인 현실을 냉정한 시선으로 파헤쳐온 작가이다. 이 소설에서 작가는 한 사회가 공모한 잔혹한 폭력과, 그 폭력을 알고도 모르는 척 외면한 자리에 남겨진 파쇄된 존재들의 이야기를 그렸다. 근친 살해, 보험사기 등 사회의 병리적 현상을 제재로 삼아 지금껏 천착해온 폭력이라는 주제를 한층 더 인간 내면의 심리와 관계의 갈등으로 심화시킨 작품이다.

∙ 장석남, 『고요는 도망가지 말아라』, 문학동네, 2012.

1987년 경향신문 신춘문예로 등단한 이후 25년동안 꾸준히 시작 활동을 펼쳐 온 장석남 시인의 일곱 번째 시집. 그가 가진 특유의 섬세함과 유연성을 가장 정점으로 드러내고 있는 시들 속에서 시인은 강박적이리만치 열과 행을 꽤나 조여서는 더는 뺄 것도, 더는 넣을 것도 없이 콤팩트한 시를 우리 앞에 선보인다. 감수성과 지성이 통합되어 어떻게 좋은 시를 낳는지 그 진경을 보여준다.

∙ 임선기, 『꽃과 꽃이 흔들린다』, 문예중앙, 2013.

1994년 「작가세계」로 등단한 임선기 시인의 시집. 극도의 절제된 언어로 환상적이고 순수한 시세계를 펼쳐온 임선기 시인이 6년 만에 펴내는 두 번째 시집이다. 이 시집에서 시인은 지극한 섬세함과 순수함이 녹아 있는 세상의 만상을 한 폭의 수채화로 그려내며, 가없이 투명하고 순수한 언어의 시원을 갈망한다. 간명하고 수사적 꾸밈이 없는, 리듬감 있는 언어로써 예술과 존재의 기원을 탐색하고 미지의 세계를 모색하는 내적 성찰을 펼쳐나가는 것이다. 슐레겔의 말대로 낭만주의 시가 "세계와 삶을 시적으로 만드는 것"이라면, 임선기 시인은 고도의 압축된 언어로 낭만주의 미학을 형상화하고 있다. 해설을 쓴 류신 문학평론가는 이 시집을 "낭만주의 본령이 가장 낭만적인 언어로 현재화한 시집으로서 한국문학사에 기록될 것"이라고 표현하였다.

바다 위의 길은
지워지지 않는다

장석남

서울예술대학 문예창작과를 졸업하고 인하대학교 대학원에서 박사과정을 수료했다. 1987년 경향신문 신춘문예에 등단한 후 제11회 김수영문학상(1992), 제44회 현대문학상(1999), 제10회 미당문학상(2010), 제23회 김달진문학상(2012) 등을 수상했다. 현재 한양여자대학 문예창작과 교수로 재직 중이며, 『새떼들에게로의 망명』(1991), 『지금은 간신히 아무도 그립지 않을 무렵』(1995), 『젖은 눈』(1998), 『왼쪽 가슴 아래께에 온 통증』(2001), 『미소는, 어디로 가시려는가』(2005), 『뺨에 서쪽을 빛내다』(2010), 『고요는 도망가지 말아라』(2012) 등의 시집이 있다.

바다 위의 길은 지워지지 않는다

동지冬至 지나면 예부터 하늘의 섭리는 봄으로 들어선 것으로 보았다. 여전히 맹추위가 기승을 부려도 곧 봄이 온다는 소식을 미리 알기에 웃으며 견딜 만했다. 그것을 좀 거창한 말로 진리眞理에의 믿음이라고 불러서 어긋나지 않을 것이다. 진리를 믿는 것, 그것이 곧 희망이고 그것 없이 우리는 살지 못한다. 눈에 보이지 않으나 반드시 오는 것을 믿는 것이다. 살에 추위가 얼어붙어도 그것은 희망이 보이기 시작하는 한 한갓 잠깐의 불편에 불과하다. 미래는 그래서 시간의 한 개념이지만 삶 안에 들어오면 희망을 이어주는 불꽃의 다른 이름이기도 하다. 희망이 이어지는 것이 삶을 지탱하는 것이다.

가지고 싶은 물건 중에 망원경과 현미경이 있었다. 멀리 보거나 깊이 보는 도구들이다. 육체의 눈으로 볼 수 없으니 그 보조 수단으로 만들어낸 것들이다. 가까이 갈 수 없는 사물이나 손의 감각으로 짚이지 않는 물체를 보려면 그것을 통해야 한다.

나는 그것을 통해 하늘의 이모저모가 보고 싶었는지 모른다. 하늘을 통해서 세계가 크다는 것을 처음 느낀다. 나는 바다와 하늘을 보며 이 세상의 끝이 어떤 모양을 하고 있는지 궁금했다. 나의 어린 시절 눈은 수평선에 가 머물곤 했다. 고향이 섬이었으니 그것은 생애 이전부터 이어져온 눈맞춤이다. 그 너머…그 너머가 궁금했으며 생애 이전부터 그 너머가 그리웠을 것이다. 어머니가 가졌을 큰 세계에의 동경이 내 유전자에 남아 있었을 테니 더더욱.

바다와 하늘이 맞닿아 생긴, 아니 맞닿은 데는 없고 그저 그렇게 보인 수평선이 이 세상 끝의 모양일까? 그것은 아닐 것이다. 아무리 생각해도 세상이 끝나는 데가 어디인지 모른다. 결론은 세상의 끝은 없다는 것이다. 지리적으로도 끝이 없고 사실적으로도 끝이 없다. 다만 이승의 삶이 다하면 그것을 끝이라고 부른다면 모를까.

하늘은 무한으로 열려 있는 창인 셈이다.

나의 기억은 덕적도라고 하는 섬마을에서부터 시작한다.

기억이 시작되는 곳이, 혹은 꿈에 가장 많이 보이는 장소가 고향일 터였다. 내가 가지고 있는 맨 아래층의 기억은 어른들이 울타리를 치고 있는 풍경이다. 그 울타리는 몇 년 만에 한 번씩 하게 되어 있는 뒤울안에 참소나무를 잘라 엮어 잇는 일이었다. 우리 집의 어른들이 머리에 수건을 두르고 땀을 흘리면서 그 울타리 공사를 하고 있었다는 사실이 내가 가지고 있는 기억의 맨 아래 칸을 이루고 있어서인지 나는 늘 내 울타리를 가진 내 공간을 꿈꾸게 된다.

우리가 살던 집은 방이 세 개, 마루, 부엌, 헛간, 닭장, 그리고 대나무 담장으로 이루어진 흙집이었다. 나는 그곳에서 초등학교 육학년 여름 방학까지 살았다.

방이 세 개라고는 하지만 모두 천정이 어른이 서면 바로 위에 닿을 만한 높이였고 가로로 누워 발을 아래로 펴면 벽에 닿을 정도의 넓이였다. 그러나 그런 가늠은 지금에나 가능한 것이었고 그 시절의 나는 그 방의 넓이며 높이가 크다거나 작다거나 하는 생각을 전혀 갖지 못했다. 그래서 더 넓은 곳에서 살고 싶다거나 아니면 더 화사하고 밝은 방에서 생활해보았으면 하는 생각은 가져보지 않았다.

물론 우리 집보다 더 좋은 집들도 동네에는 있었다. 그러나 그런 집들이 부러워 보인 적은 한 번도 없었다. 내게 있어서 우리 집 이외의 장소는 모두 낯선 곳일 뿐이었다. 삐걱이는 마루를 사이에 두고 안방과 사랑방이 있었고 사랑방과 나란히 '움팡'이라고 부르던 건넌방이 있었다. 그리고 그 방까지는 삐걱이는 툇마루가 연결되어 있었다. 그 마루는 할아버지가 부리던 배의 흔적들로 얽어 만든 마루들이었다. 말하자면 풍랑에 부서진 목선의 잔해들을 주워다가 마루를 짠 것들이어서 거기에는 커다란 대못의 자국들이 선명하게 남아 있었고 유난히 삐걱거림이 심한 아주 결이 강한 나무들이었다. 할아버지는 민어잡이 배를 부렸다고 했다.

겨울철에 팽이나 연을 만든다고 낫으로 대나무며 오리나무를 깎다가 심심하여 그 마루에 흠집을 내면 백발의 할머니는 군나그네가 온다고 나의 행위를 꾸짖곤 하였다. 얼마나 어려운 살림이었으면 공밥손님이 온다는 말까지 만들어 잘못된 행동을 바로 세우는 말로 삼았을까. 군나그네란 그런 뜻이었다.

내 기억의 꼬치는 엄마 품에서 깨어나는 것이 아니라 할머니의 품에서 깨어난다. 깨어나자마자 나는 할머니의 품에 있었으며 퀴퀴한 냄새가 가득한 그 움팡이라고 부르는 방에서 시작되었다. 내가 65년생이고 할머니는 내가 열여덟이 되어 저승 사람이 되고 내 손으로 사망신고를 하면서 1897년생이라는 사실을 알았다. 나는 그 동사무소의 유리창을 바라보면서 1897년이라는 할머니의 출생연대를 자꾸만 확인하고 또 곱씹고는 하였다. 아무래도 내 마음의 위장은 그 연대를 쉽게 소화해내지 못했던 것이다. 할머니는 조선 말기의 사람이며 일정을 거쳐 미군정, 인민군체제를 거친 다국적 체험자였던 것이다. 나로서는 신라 때 사람이라고 해도 다를 것이 없는 사람이었던 것이다.

그런 반면 어머니가 기거하는 안방은 살갗이 가장 여린 기억 안쪽 부분에 아주 추운 곳으로 저장되어 있다. 나는 지금도 그 방을 생각하면 춥다. 그 방은 겨우 네 사람의 끼니를 삶는 분량의 불기운을 가지고 구들을 덥혀야 하는 곳이었으므로 그럴 수밖에 없었다. 나는 당시 어머니는 어떻게 이렇게 추운 곳에서 잠을 잔단 말인가, 속으로 생각하곤 했었다.

군불을 지핀다

숨쉬는 집

굴뚝 위로 집의 영혼이 날아간다

家出하여, 적막을 어루만지는 연기들

적막도 연기도 그러나

쉬 집을 떠나진 않는 것

나는 깜빡 내

들숨 소리를 지피기도 한다

　　　　　　　　　장석남, 「군불을 지피며 1」 전문

가끔씩 밤에 그 방에 들를 때면 나는 깔아놓은 요 밑으로 몸을 파묻곤 하였는데 요 위에서 계신 어머니를 이해할 수 없었다. 어머니는 말하자면 겨우 미지근한 구들에 의지하기 보다는 당신의 체온을 두터운 요로 받아서는 그 기온으로 밤잠을 감쌌던 것이었다. 그러나 성질이 그렇지 못한 나는 임시로라도 미지근한 곳을 찾게 마련이었던 것이다.

그 방은 추운 대신 매우 칼칼하고 깨끗한 곳이었다. 빨갛거나 초록색의 빳빳하게 풀 먹인 이불이며 반다지 속의 나프탈렌 냄새. 그리고 댓잎에 바람 스치는 소리가 뒤란을 채우고는 방안까지 스미는 정갈한 곳이어서 나는 늘 부담스러운 곳이기도 했다. 그곳은 우리 집에서는 바닷가 쪽으로 귀를 열어놓은 장소 같은 곳이어서 늦은 밤이면 백사장에 구르는 파도 소리가 마치 집 밑에까지 밀려와 칭얼대는 것처럼 선명하게 들려왔다. 특히나 열한 시 반이 지나면 동네 가운데에 있는 발전기가 꺼지고 따라서 문명의 불빛들이 꺼지면 발전기 소리에 밀리던 파도 소리가 때를 만난 듯이 그 안방으로 몰려오는 것이었다. 바람이 불면 파도 소리에 섞이는 집 뒤의 참대나무 쓸리는 소리는 적막하고도 스산한 마음을 더욱 부채질해 무서움이 많은 나는 어머니가 참 대담한 분이라는 생각을 그때 했었다. 어머니는 그 방에서 늘 혼자 주무셨으므로. 그곳은 그러나 내가 첫울음을 놓은 방이기도 했다.

우리 집 둘레에는 여러 가지의 유실수 등 많은 나무들이 둘러져 있었다. 그 나무들을 기억하자면 먼저 사립문 곁에 무궁화나무가 있었다. 그러나 그 무궁화나무는 늘 폐병에 걸린 사람처럼 시원치 않은 것이었다. 조금 더 가서 커다란 감나무가 우렁차게 서 있었다. 이 감나무는 좀 특이한 것이어서 다른 집의 그것처럼 소금물에도 잘 우려지지 않는 나무였는데 할머니에게 들을 바로는 육이오 때 돌아가신 할아버지가 감장수가 와서 사드시고는 그 씨를 몇 개 묻었는데 그중에 하나가 난 것이라고 했다. 그 말을 들고부터는 그 감나무를 보거나 생각할 때마다 내가 때어나기 십 이삼년 전에 돌아가신 할아버지의 손길이 눈에 보이는 것처럼 가깝게 느껴진다. 할아버지의 입에서 나온 나무였고 그것은 할아버지는 감나무를 입에서 뱉어 심음으로 해서 이 손자의 기억 속에 불멸이 된 것이었다. 허나 나중에 그런 이야기를 자랑삼아 했더니 나무에 밝다는 한 아이가 그렇게 심은 나무는 그대로 감나무가 되지 않는다고 하여 머리가 아팠다. 그럼에도 나는 내 할머니의 말이 지어낸 것으로 생각되지는 않았다.

어느 해인가 겨울이었는데 작은 형과 그의 친구들에게 따돌림을 받고 너무나 열이 올라 낫을 들고 감나무에 올라가 엄한 감나무 가지들을 다 잘라 버렸었다. 어머니가 산에

서 돌아와 왜 멀쩡한 감나무는 다 잘랐느냐고 나무랄 정도
였으니까 그 정도는 알만한 것이었다. 그런데 이게 웬일인
가 그 다음해 가을에는 우리 집 마당이 다 훤할 정도로 많은
감이 주저리주저리 열린 것이었다. 나중에 안 사실이지만
감은 새로 난 가지에서만 열리는 것이어서 가지치기를 해
주면 더 많은 열매가 열린다는 것을 알았다.

그 감나무를 이웃해서는 개살구나무가 한그루 있었다.
그 살구나무는 더 이상 크게 자라지도 않는 나무였는데 축
대에 난 것이어서 축대를 보호한다고 베어내지도 않았다.
빛 좋은 개살구라는 말도 있듯이 풋살구가 열리면 털이 보
송보송하게 난 탐스런 개살구가 뭉텅이로 열리곤 하던 나
무였다. 그러나 그것을 먹지는 못했다. 떫고 시기만 할 뿐이
었다. 그리고 그 나무는 내가 올라가 놀만큼 큰 나무도 아니
어서 나와는 그리 큰 정이 들지는 못했다.

그 개살구나무 밑에 백장미넝쿨이 한 덩굴 있었다. 그곳
은 그러나 그늘이어서 백장미가 탐스럽게 피지는 못했다.
아니 피었다고는 해도 그늘이어서 나나 다른 사람들에게
크게 즐거움을 주지는 못했다. 다만 백장미라는 것이 다른
장미에 비해서 희귀했기 때문에 신기하게 바라보며 지나칠
뿐이었다. 또한 그곳에는 통시(재래식 화장실)가 있는 곳이기
도 했다. 그곳은 문이 없었다. 아궁이에서 고무래로 긁어낸

재들을 봇두리 앞에 쌓아두고 대변을 보고 그 재들로 변을 덮은 다음 부삽으로 뒤로 걷어내는 고구려적 풍습의 화장실이 아담한 초가를 이루고 있었다. 그것도 오래 아버지가 집을 비울 때는 비가 새기도 했었다.

막내아들을 잃어버린 할머니는 내 기억에도 없는 삼촌이 보고 싶은 가리가 되면 이 통시로 왔다. 삼촌이 이 통시를 개축했던 것이다. 돌을 나르고 흙 반죽을 해서 흙담을 쌓았다는 것이다. 할머니는 그 막내아들의 손자국을 만져보고 더듬으면서 한 차례씩 큰 소리로 울었다. 그리고 세월이 갈수록 그 손자국도 다 닳아 없어진다고 한탄을 하시기도 했다.

그곳에서 조금 더 뒤란 쪽으로 돌면 부엌의 수챗구멍이 있고 그곳에 수십 년은 족히 될 시우나무가 서 있었다. 그 시우나무는 다른 무엇보다 늦은 여름의 오후가 되어 더위가 한 풀 꺾이면 울기 시작하는, 우리들이 '슈스매미'라고 부르던 매미가 주로 앉는 나무였다. 내 아름으로 한 세 번은 안아야 될 만큼 크고 두꺼운 나무였다. 발전소로부터 우리집 두꺼비집에 닿는 전선이 매어져 있기도 했던 그 나무에 언젠가는 그 매미를 잡으러 올라갔다가 놓치고 내려오면서 그만 전선을 손에 움켜쥐었는데 갑자기 경련이 일어나 큰 충격을 받았었다. 문명이 내게 준 최초의 그 충격은 정말 내 심리에는 엄청난 것이어서 지금도 나는 제일 무서운 것중의 하나가 전기를 다루는 일로 되어 있다. 그 이후로는 퓨즈가 나가도 두꺼비집을 열어볼 수가 없었다.

우리 집의 가장 큰 자랑거리는 뒤란에 서 있던 살구나무였다. 봄이면 그 살구나무는 온 집안을 환하게 밝히는 꽃을 피웠다. 그리고 두어 달이 지나면 거기엔 달콤한 과즙으로 가득한 살구가 열리곤 했다. 바람이 불면 아랫집 아이가 먼저 와 잘 익어 떨어진 살구를 주어가는 것이 나는 마땅하지 않았다. 나는 이 살구나무 아래서 할머니가 우는 것을 어렸을 적 너무 많이 보아서 살구꽃이 떨어지는 것이 마치 할머니가 울어서 떨어지는 것이라고 생각했었다.

그 아래로는 참대 숲이 이어졌는데 가끔 대숲에 들어가면 살구들이 떨어져 대나무 가지 사이에 깨지지 않고 끼어 있었다. 살구가 있을 때면 으레 장마철이었다.

삼천리 금수강산 모두에 비 내리지 못하고
서해 일부 해상에만 뿌리던 빗속에서
우리집은 지붕 아래에 습관처럼 토방과
마루 그리고 밥과 감자를 삶는 부엌을
간직했다 밭과 논에 널려 있던 어둠들이 비를 피해
집으로 몰렸고 그림자가 젖은
바람도 울타리를 흔들었다 일광에 살찐

눈물들이 낮은 곳으로 흘러가고 가끔

목이 멜 때는 추녀 끝이나 살구나무 늑골 아래에

고이기도 하였다 비가 올 때는 앞바다가

더욱 가까이 다가와 숨죽였다 저물어도

환한 바다의 복판으로 눈먼 고기떼들이

몰려와 콩깻묵 같은 마을의 불빛과 낮설게

놀다간 돌아갔다 옹기종기 물살에

떠는 앞바다 섬들은 우리집 눅눅한 가족사처럼

뿌리가 후들거리고 뿌리에 뿌리를

다시 박으며 자라나는

서해 일부 해상의 여름 어느 날

내린 비는 흘러서 바다로 갔다 아무것도

가지고 가진 않았다

장석남, 「기압골의 집」 전문

   그 살구나무에서 다시 동쪽으로 돌아가면 집의 굴뚝들이
땅에 바짝 붙어서 이어져 있고 그 아래에 앵두나무들과 돌
배나무가 한 그루 있었다. 그 돌배나무는 우리 어머니께서
우리 작은 형을 갖진 채 따먹는 바람에 부정을 타서 그 이후
부터는 굳어져버린 그런 배나무였다. 그래도 나는 여름 한
철 그 배나무 밑에서 지내기가 일쑤였다. 그나마 그걸 따먹

는 일이 가장 즐거운 일이었던 것이다. 그래서 그 나무 아래의 땅은 내 발길로 반질반질했다. 그곳에는 겨울에 먹기 위해 밤을 묻는 구덩이가 있었는데 그곳에 밤을 묻었다가 겨울이 되어 먹어본 기억은 없다. 겨울이 오기 전에 이미 그것은 내 조바심에 의해 파헤쳐지기 마련이었다. 그 배나무의 나이테를 따라 나도 나이테가 늘면서 그 집을 벗어나 조금씩 멀리 나다녔다. 내가 갈 수 있는 데는 역시 바닷가뿐이었다. 그곳이 세상의 경계였으니까.

　서포리 해변은 자동차가 없던 그 시절 수도권 서해에서는 제법 알려진 명승지였다. 우리나라 현대회화사에서 큰 비중을 차지하고 있는 이인성 화백의 호암 아트홀 전람회에서 나는 「덕적도 풍경」이라는 그림을 만나고는 화들짝 놀랐는데 정희경 옛날 현대고 교장의 회고담에서 그 사연을 확인할 수 있었다. 이인성 화백이 경기여고 교사를 할 당시 덕적도로 수학여행을 했다는 것이다. 화백이 6·25동란 중에 세상을 떴으니 그 이전의 이야기가 되는 셈이다. 그 당시 그곳을 가기란 얼마나 힘든 때였겠는가. 그럼에도 수학여행을 갔다는 사연은 그곳이 승경이라는 점을 뒷받침해주는 사연이어서 마음이 좋았다. 게다가 김향안 여사의 수필집에서 다시 한 번 덕적도를 유람한 이야기를 읽었다. 김향안 여사는 수필가로서도 유명한 분이지만 첫 남편이 시인 이상이었고 나중에는 수화樹話 김환기 화백의 부인으로서 이분을 세계적 화가가 되도록 일생을 통해 뒷바라지한 유명한 분이었다.

나는 서포리 바다 앞에 떠 있는 섬들을 바라보며 파도 곁에 앉아 있는 적이 많았다. 그 섬들의 세계가 궁금했다. 알고 보면 비슷한 환경의 섬이었을 테지만 나의 시선이 가 닿는 곳이 그곳뿐이었으니 그 너머의 세계에 대해 궁금했을 것이다. 문갑도, 굴업도가 서포리 앞바다 동쪽과 서쪽 양 귀퉁이에서 파도에 밀리듯 가까웠다가 멀어지기도 했다.

1 해질녘

아버지는 종일 모래밭에 와서 놀더라
아버지는 저녁까지 모래밭에 숨을 놓고 놀다
모래알 속에 아들과 딸을 따뜻이 낳아두고 놀다 가더라
해당화밭이 애타는 저녁까지

소야도가 문갑도로 문갑도가 다시 굴업도로
해거름을 넘길 때
1950년이나 1919년이나 그 以前이
물살에 떠밀려와 놀다 가더라

2 섬집

그러니까 밀물이
모래를 적시는 소리가
고요하게 불 끄고 잠든 마을 집들의 지붕을 넘어
우리집 뒷마당 가득하게 될 때나
우리집 뒷마당도 넘쳐 내 숨을 적실 때
달팽이관 저 깊이
모래알과 모래알 사이 물방울의 길처럼 세상은
내 뒤를 따라오지 못하고 나는
배고파도 그
속에서 나오기 싫었다

지금은 그 물결 소리가 무엇을 적시는지
내가 숨차졌다

3 밥 먹구 자

학교에서 돌아와
내가 집이 되어 무섭게
집을 품고 있노라면 털썩

나무 갔다 온 엄마가

하얀 별 아래

헛간 아래

나뭇동 아래

까맣게 어둠 아래서

밥을 짓고

나는 아궁이의 타는 불의 뜻 모를

箴言 속에 잠이 들어

밥 먹구 자

나를 언덕에서 떨어뜨리는, 자

지금은 스물세 살 겨울 어느 날 새벽 세 시 정말 밥 먹구

반성처럼 잠이 온다 밥 먹구 자

나는 불 속으로 걸어 들어간다

4 가을行

　차게 불이 탑니다 당신 이름이 탑니다 길을 비켜선 활엽의 나무
그루들 조금 더 목말랐으면 나는 물을 마실 뻔하였습니다
　차게 타는 불

장석남, 「德積島詩」 전문

작은 집은 가난 속에서 배운 공부 탓이었을까? 당숙이 6·25와중에서 죽어 망했고 아버지는 가난 속에서 못 배운 탓으로 아군의 전방으로 누더기를 벗어놓고 소집되어 나갔다. 열여덟부터 배를 타던 아버지였는데 전방에 총알을 맞으러 나갔고 총알이 빗발치는 전방에서 몇 군데 총상을 입고 용케도 살아 돌아왔다.

그 격동의 세월 저편에서 위대한 기념할 만한 일이 있었으니 1919년 기미 만세 운동이 그 작은 섬마을에서도 불길이 되어 일어났다는 사실이다. 덕적중학교의 우렁찬 소나무 숲 아래 교정 입구에는 이를 기념하는 비석이 단아한 글씨로 아름답게 서 있다. 나는 이 기념비의 단아한 글씨를 바라보다 올 때가 많았다. 물론 우리의 조상은 그 세월 너머에서, 더 멀리는 파도의 물거품 속에서 뚜벅뚜벅 걸어 나왔을 터였다.

떠돌이 섬들을 지나 인천으로 나갈 때 나는 열세 살이었다. 길은 산등성이 소나무 아래 오솔길이다. 할머니가 송구를 꺾어주던 길이다. 흉년에나 먹었다던 물오른 소나무 가지가 송구다. 그것을 꺾어 겉껍질을 벗겨내면 싱싱한 물관이 나온다. 그것을 입으로 하모니카처럼 물고는 이빨로 긁어 훑으며 빨아먹는 것이다. 그 송구의 싱싱한 맛을 할머니는 내게 산 넘어 당너머 밭일을 갈 때 같이 가자는 유혹으로 삼으셨다. 그 꺾인 소나무가 다시 자라나는 길을 나는 집을 아주 떠나면서 다시 지난다. 문득 뒤돌아서 집을 내려다보니 허리가 구부러진 할머니가 사립문 밖에서 한 손을 무릎에 받쳐 허리를 펴고는 나를 올려다보며 어여 가라는 손 신호를 보내고 있다. 나는 눈물이 핑 돌았다. 아무도 없는, 홀로 가는 길이기에 눈물이 나와도 두렵지 않았다. 듬성듬성 서 있는 바위 곁에 진달래가 지천으로 피어서 더욱 내 눈가를 물들였을 것이다.

이른바 당제가 열렸다고 해서 당산이라고 불린 우리 집 건너편 산을 가로지른 당산 길은 구불구불 이어져 당너머를 지나 후청골을 지난다. 깎아지른 비탈을 숨이 멎어라 올라서면 망재다. 망을 보는 재라는 의미다. 지금 이 길은 거의 사라졌을 것이다. 어린 시절, 아니 서포리에 사람이 살면서부터 이 재를 넘어서 인천으로, 육지로 모두들 갔고 중학생이 되면 이 길을 걸어서 등하교를 했다.

내가 내쉬는 내 숨 속에
길이 하나 보이다 지워졌다
길, 혀 꼬부라진 말
움켜쥐고 깊어진 德積島 산골짜기에서

내가 듣는 내 숨소리

길에 시달리지 않는 곳,

뒤에 길 따라오지 못하고 햇빛과 바람

뜨거운 포옹으로 반죽이 된 곳에

말뚝 쳐박고 매어두고 싶은 소리

熱띤 꽃 한 송이 속에 오솔길이 스미고 있을 동안

내 숨에 사슬 끌리고 文書 없이 말뚝 박히고 너와 너 사이 이어진

國境이 정수리를 넘어가고 북어처럼 바짝 목마른

세월의 맥박들

길 스민 꽃 한 송이 늙은 햇빛 속에 타오르고 있을 동안

내가 듣던 내 숨 열에 겨웁다

그러나 여기 내 숨 타오르래도 타오르래도

헐떡이며 나를 따라와 下山길에 몰리며

내가 듣는 내 숨소리

파도 심해도 고요함 많은 물 속 같다면

슬픔에라도 말뚝 쳐박고

매어두고 싶은 소리

나 혼자 길 아닌 곳으로 나서고 싶은 소리

장석남, 「내가 듣는 내 숨소리」 전문

먼 훗날 나는 그 숨 차오르는 고갯길의 걸음걸이를 회상하면서 이러한 시도 낳게 되었다. 그러나 내게 이 망재는 다른 더 큰 이미지로 남았다.

상이군인이 되어, 하나의 기적이 되어 아버지가 제대할 때도 이 망재를 넘었다. 동네는 모처럼의 큰 기쁨이었고 환영을 받았다고 한다. 그러나 그것은 다른 한편 통곡의 귀향이 될 수밖에 없었는데 늙은 할아버지께서 아버지의 귀향 두어 달 전에 돌아가셨기 때문이다. 아버지는 가난 때문에 한 번도 휴가를 나오지 못했다. 늦게 본 아들을 그토록 보고 싶어 했던 할아버지는 죽기 전날에는 들여다보던 사진까지 요강에 빠뜨리며 아들을 그리워했다던가? 아버지가 돌아가실 때 큰 고모의 꿈에는 큰 횃불이 이 망재를 넘어 우리 집 뒤로 떨어졌다고 하니 이 망재라는 고개는 이래저래 내 뇌리에 어떤 상징이 되어 있는 것이다.

아버지는 할아버지 마흔에 얻은 큰 아들이다. 그 옛날의 풍속으로는 손자와 같은 아들인 셈이니 그 사랑이 어떠했을지 알 만하다. 그러나 할아버지는 당신도 몰락한 집의 자제여서 변변한 터전이 없었다고 한다. 그럼에도 어떻게 중선 배를 하나 부렸다고 하는데 그것은 아마도 민어를 잡는 배였을 것이다. 옛날 덕적도는 민어잡이 파시波市가 서고 건

와장(새우를 잡고 또 그것을 말리는 일)으로 이름을 날린 풍요로운 고장이었다. 중국으로 수출하는 건와장과 일본의 큰 배들이 사가는 민어 시장의 규모는 대단했다고 한다. 수백 척의 민어잡이 배들이 굴업도 앞으로 모여 굴업도에 민어 파시가 서고 나중에는 덕적도 북리로 옮겨 60년대 말까지도 이어졌다고 한다. 덕적도 선주들은 돈을 포대로 쌓아두고 썼다고 하니 그 규모를 짐작할 만하다. 지금도 그렇거니와 당시도 웬만한 크기의 민어 한 마리 값은 쌀 한 가마니 값이었다고 한다. 이재에 어두웠던 아버지는 그러한 바다의 황금 시절이 한참이나 지난 후인데도 그 향수에 젖어서 인천에서 돈을 벌어다가 덕적에 땅을 샀으니 그 심정이 짐작이 간다. 당시는 인천의 땅값보다 덕적도의 땅값이 몇 갑절은 더 비쌌다고 한다.

덕적도는 선사시대부터 사람살이가 시작되었다. 삼국시대 초기에는 백제의 영토였으나 덕적도 또한 한강 유역의 다른 지역들처럼 신라와 고구려에 번갈아 점령당한 경계의 땅이었다. 고려 말부터 조선 초기까지는 왜구들 때문에 섬은 사람이 거주하지 않았는데 다시 사람이 살기 시작한 것은 임진란 이후부터다. 사람의 거주가 허락되면서 덕적도에는 첨사를 진장으로 하는 진이 생겼다. 조선시대 내내 남양부와 인천 도호부에 속했던 덕적도는 일제 강점기 때 부천

군에 소속되었다가 1973년 경기도 옹진군의 일부가 되었고, 1995년 인천광역시로 편입되면서 100여 년 만에 인천의 강역이 되었다.

덕적도는 고대 황해 횡단 항로의 중요한 길목이었다. 그래서 덕적도는 당나라의 백제 침략 때 소정방이 이끄는 당나라 군대의 백제 침략 전진기지가 됐다. 660년, 수륙 13만 대군을 끌고 침략전쟁에 나선 소정방의 당나라 군은 4개월간 덕적군도를 13만 군대의 주둔지 겸 군수품 보급기지로 활용했다. 덕적도 바로 옆 소야도에는 당나라 군의 진지로 추정되는 유적들이 남아 있다. 당나라 군은 덕적도에 주둔했다가 기벌포로 상륙해 신라와 협공으로 백제를 멸망시켰다. 그런 덕적도는 수려한 경관으로도 이름 높았다.

강제윤, 『바다의 황금시대, 파시』 중에서

서해 지역에서는 옛부터 이런 말이 있다. '대부 가서 있는 체 말고 덕적 가서 아는 체 말라'는 말이 그것인데 덕적도는 그 이름의 유래가 어떠했든지 간에 그 이름의 뜻을 따라서 옛부터 글을 숭상한 섬이었다. 나의 증조할아버지도 글방 선생이었는데 외지로 초빙을 다니는 선생이었던 모양이다. 충청도나 전라도 일대로 글방 선생을 간 사이에 할머니가 돌아가셔서 할아버지 형제들이 졸지에 고아가 되는 바람에 집안이 완전히 가라앉았다는 이야기를 매일매일 들으며 자랐다. 그 할아버지의 할아버지 되는 입향 조는 장희빈의 방계 가문인데 그 집안의 풍파가 아마도 덕적으로 피란을 오게 했을 것이다. 여하튼 덕적 사람들은 모두 향학열이 높은 것만은 사실이었고 근대식 학교가 설치되기 전에는 웬만한 어린 아이는 소학, 명심보감 정도는 떼었던 모양이어서 아마도 그러한 말이 돌았지 않나 싶다.

근세 이후에도 위에서 말한 경제적 토대가 뒷받침 되어 덕적도 사람들은 근대 학문에 열심이었다. 강화도보다도 대학생이 많았다고 하고 인천, 서울, 일본 유학생까지도 즐비하여 '덕적유학생 회보'가 간행될 정도였다고 하니 재미있는 일이 아닌가. 그러나 그것은 또 이데올로기 싸움의 현장에서는 큰 불행한 일이어서 적적한 물빛, 하늘빛을 만들었을 것이다.

덕적도는 당나라 소정방이 백제를 정벌할 때 군사를 주둔시켰던 곳이다. 뒤에 있는 3개의 돌 봉우리는 하늘에 꽂힌 듯하다. 여러 산기슭이 빙 둘러쌌고 안쪽은 두 갈래 진 항구로 되어 있는데 물이 얕아도 배를 댈 만하다. 나는 듯한 샘물이 높은 데서 쏟아져 내리고 평평한 냇물이 둘렸으며 층 바위와 반석이 굽이굽이 맑고 기이하다. 매년 봄과 여름이면 진달래와 철쭉꽃이 산에 가득 피어 골과 구렁 사이가 붉은 비단 같다. 바닷가는 모두 흰 모래밭이고 가끔 해당화가 모래를 뚫고 올라와 빨갛게 핀다. 비록 바다 가운데 있는 섬이라도 참으로 선경이다. 주민들은 모두 고기를 잡고 해초를 뜯어 부유한 자가 많다. 여러 섬에 장기 있는 샘이 많은데 덕적도와 군산도에는 없다.

이중한, 『택리지』 중에서

내가 자란 서포리의 백사장도 해당화가 일품이었다. 나는 그 해당화의 붉은 꽃밭 속에서 나와 허위허위 먼 수평선을 향해 걸어 나갔다. 파도 소리가 쓸쓸했다. 그리고 월미도 앞바다를 지나 인천의 송학동에 닿았다.

계단만으로도 한동네가 되다니
무릎만 남은 삶의
계단 끝마다 베고니아의 붉은 뜰이 위태롭게
뱃고동들을 받아먹고 있다

저 아래는 어디일까 뱃고동이 올라오는 그곳은
어느 황혼이 섭정하는 저녁의 나라일까

무엇인가 막 쳐들어와서
꽉차서
사는 것이 쓸쓸함의 만조를 이룰 때

무엇인가 빠져나갈 것 많을 듯

가파름만으로도 한생애가 된다는 것에 대해

돌멩이처럼 생각에 잠긴다

장석남, 「송학동 1」 전문

다 저물녘이 되어서야 통운선은 팔미도를 지나게 된다. 맘은 그러나 어두워지는 대신 설렘이 밀려들기 시작한다. 지루한 기관소리 대신 어두워져가는 밤바다 멀리 불빛들이 보이게 된다. 그 불빛의 가물거림들이 내 생애가 간직한 최초의 찬란함이다. 인천항의 불빛들인 것이다.

인천은 내 청춘의 유적지라고 해도 된다. 몇 살인지도 가물가물한 한 소년은 크리스마스이브의 어느 날 저녁 홀로 외철로문을 지나 옛 인천여고 정문 앞(그 담쟁이넝쿨로 고색창연했던 그 여학교는 어디로 달아났을까?)에 이른다. 그 철길 아래엔 구두 수선이며 도장집들이 있고 그에 잇대어 호떡집이 있고 여고 정문앞쪽엔 오색 불빛이 반짝이는 크리스마스 인형들을 팔고 있었다. 눈발이 날리고 있었다. 나는 어쩌자고 그곳에 가서 그 태엽을 연신 감아대는 인형들 앞에 서서 물끄러미 그것들을 바라보았던 것인가? 그것들이 가지고 싶었던 것일까? 그러나 그것은 아니었던 듯싶다. 애초에 돈이 없는 소년은 그런 것을 가지고 싶지도 않다. 다만 좀 쓸

쓸하다는 감정이 호떡 만하게 있었을까? 그렇게 서 있다 보면 어느 사이 우당탕탕거리면서 기차가 지나갔다. 그렇게 시끄러운 다리 아래서 겁이 나서 어떻게 참고 장사들을 하는지 당시로서는 도저히 이해하기 어려웠다.

신포동쪽으로 내려가는(지리적으로는 올라가는) 오른 편에 삼화고속이, 그 옆에 태양제과가 있었고 다시 그 옆에 인켈 대리점이 있었다. 아주 어린 소년은 삼화고속 승하차장 곁에서 덜덜 떨면서 누이를 기다렸다. 올 리 없지만 올 것 같아서 그랬다. 동인천 전철 역전에서도 그랬다. 올 리도 없고 온다는 기별도 없었고 (집에 전화도 없던 시절이었다) 전철로 올지 버스로 올지도 알지 못한 채 그것이 서울서 온다는 사실이 나를 그 앞에 종종 세워놓았던 것이다. 그것이 하염없는 일이며 부질없다는 것을 깨닫는 나이가 되고는 태양제과 곁 인켈 대리점을 자주 갔다. 그곳에서 팝 PM2라는 라디오 방송 팸플릿을 무료로 배포했던 것이다. 그것을 들여다보는 것이 취미가 된 사춘기였다. 물론 간혹 그 태양제과에 들어가 또래들과 제일 싼 팥빵을 시켜서는 우유 대신 연신 물 컵을 비워가며 삼키기도 했다. 그 삼화고속 옆 골목 중간에 '화백'이라는 이상한 카페가 있었는데 분명 고등학생은 드나들 수 없는 곳이었을 텐데 선배들을 따라서 그곳에 자주 드나들었다. 이른바 문학이라는 것, 시를 써야겠다는 흥

내를 알리는 장소쯤 되었을 것이다. 이층이었고 계단은 역시 로만티시즘이 그렇듯 목조로 삐걱거리는 데였다. 술도 먹고 담배도 피고 선배들의 호기를 관찰하기도 하고 그랬다. 몇 개쯤 될지 세어볼 수 없는 수량으로 정교하게 쌓아 올려 진 찬란한 건축물 홍예문 앞이 내가 다닌 학교였는데 그 홍예문이 나는 좋았다. 옛날 것이어서 그랬는지 왜 그랬는지 모른다. 나는 학교가 파하면 일부러 그 홍예문 밑을 지나 인성여고 앞을 지나 내려가서는 꼭 이상이 설계했을 것만 같은 어떤 일제 강점기 건물 곁을 지나 우체국 앞까지 걸어가서 버스를 탔다. 동인천 쪽으로 내려가 타는 것이 물론 훨씬 빠른 길이었고 친구들과 같이 가는 길이었는데 혼자 빠져나가 그렇게 했던 것은 시인이 되려고 폼을 잡은 결과였다. 물론 우체국이라는 낭만적 공간의 상징성도 한몫했을 것이다. 그 역시 그 폼의 한 갈래다. 그때 익힌 송학동의 분위기가 내내 나를 놓아주지 않았다. 제일교회 옆의 돌계단에 앉아서 하나씩 불이 켜지는 항구를 내려다보면서 저 건너 먼 섬에서 겨울방학이 되어 멀미를 참아가면서 다 저문 항구로 들어오던 기억을 되짚어보던 것도 엊그제다. 그 돌계단들 잘 있는지. 하나하나가 다 숨 쉬는 듯 정겨운 사물들이었다. 그 장소가 좋아 청년이 되어서 인천에 직장이 생겼을 땐 그곳에 곁방을 얻어 얼마간 자취를 했었다.

내 몇 편의 시 「송학동」이 생겨난 연유라고 할만하다.

자유공원 너머로 '회상'이라는 옛 찻집이 있었다. 쌍화차니 하는 것들을 파는 아주 조그맣고 정겨웠다. 낙서가 많았다. 고3생의 몸으로 그곳을 드나들면서 시를 토론했다. 아니 시를 쓰는 티를 냈다. 그 회상은 몇 번의 주인을 바꾸더니 이젠 좀 거창한 데가 되어서 그저 옛날을 '회상'하는 데로만 남은 것을 보았다.

내 청년은 신포동의 '탄트라'라는 데에서 무르익었다. 얼마 전에 가보니 아직 남아 있어 다행이었고 분위기도 비슷했다. 문간에 까까머리 소년의 흑백사진이 잡지에서 쭉 찢은 자국 그대로 붙어 있었다. 주로 술값을 내던 내 이른 직장생활의 친구는 '야 너다'라고 했고 나는 '너다'라고 했다. 음악이 좋았고 컴컴한 것이 좋았고 사람 없는 것이 좋았고 주인의 무뚝뚝함이 좋았고 일층이라 좋았고 편안했다. 신춘문예를 내고도 들렀고 첫눈이 와도 들렀고 전문학교를 졸업하던 날도 들렀다. 주로 혼자였을 때가 많았다. 헌데 여전히 주인과는 친하지 않았다. 그 점은 좀 섭섭은 했지만 그건 내 성격이니 할 수 없고 아주 좋았다. 거길 나와 골목을 빠져나가다 보면 내항에 있던 배에서 부는 기적 소리가 들리곤 적도 있었다. 그러한 이십여 년 전의 내 청년기의 유적들, 그게 어디 내 추억만의 공간일까만 그 골목에서의 비틀거림이 그립고 푸근한 것은 내 뼈다귀에 그 거리가 새겨진 때문일 것이다.

가만히 귀 기울이면

안보윤

명지대학교 인문대학 사학과를 졸업한 뒤, 같은 학교 대학원 문예창작과에서 석사과정을 수료했다. 2005년 장편소설 『악어떼가 나왔다』로 제10회 문학동네작가상을 받아 작품 활동을 시작하였으며, 2009년 『오즈의 닥터』로 제1회 자음과모음문학상을 수상했다. 이 외에 저서 『사소한 문제들』, 『우선 멈춤』, 『모르는 척』이 있다.

가만히 귀 기울이면

왜 우리는 그 책을 쓴 작가에 대해 무엇인가 알고 싶어 하는가? 왜 우리는 이미 쓰인 소설을 읽는 것만으로 만족하지 않는가? 플로베르는 그렇게 되기를 바랐다. 쓰인 텍스트의 객관성과 작가 개성의 무의미성을 플로베르만큼 신봉한 작가도 드물다. 그런데도 우리는 여전히 그의 뜻을 어기고 그를 뒤쫓고 있다. 우리는 언어만으로는 부족하다고 생각하는 것이 아닐까? 우리는 한 사람의 인생이 뒤에 남긴 것은, 무엇인가 부족한 것을 보충하는 진실을 갖고 있다고 생각하는 것일까?[1]

한 권의 책은 의외로 간결하고 확고한 언어로 정의될 수

---

1) 줄리언 반스, 『플로베르의 앵무새』, 신재실 옮김, 열린책들, 2005, 15~16쪽.

있다. 소외된 현대인의 삶을 다룬 소설, 이라든가 사회 부조리를 유쾌한 언어로 그려낸 소설, 이라는 식으로 말이다. 그러나 소설의 매력이 압축이 아닌 확장—낯설거나 익숙한 세계를 구축해내기 위해 소설의 문장들은 끊임없이, 집요하게 연결된다. 이 때 문장은 소설의 골조를 이룰 뿐 작가가 보여주고자 하는 세계는 문장 이면에 존재한다. 이 은밀하고 뚜렷한 세계, 그곳에 존재하리라 추정될 뿐 실체는 없는 새로운 세계와 수많은 질문들을 표면으로 이끌어내는 것이 상상력이다. 소설은 결국 독자의 상상을 원동력 삼아 현실은 물론 무의식의 영역에까지 세계를 확장시키는 데 의의가 있는 게 아닐까. 소설이 완성되는 순간은 작가가 원고에 마침표를 찍는 순간이 아니라 독자가 책장을 덮고 하나의 질문을 생성해냈을 때, 라고 나는 믿고 있다.—에 있다는 점에서 한 줄의 요약은 무의미하다.

행간에는 무수한 관념들이 숨어있고 사소한 단어조차 의도적으로 선택, 배치된다. 말하자면 소설은 복잡하게 얽혀 있는 논리적 구성체에 가깝다. 작가는 그 중심에 들어앉아 등장인물의 이력과 성격, 그들의 생을 좌우하거나 마무리지을 사건을 신중히 조작한다. 등장인물을 좀 더 비참하게 만들기 위해 팔다리나 혀를 비틀고 설득력을 갖추기 위해 역사를, 과학기술을 들먹인다. 트랄파마도어로의 납치극[2]

을 감행하거나 홀로코스트를 재현하는 것 역시 단 한 사람, 작가에 의해서다.

선택이 반복될수록 구체화시킬 것이 많아질수록 작가와 소설의 간극은 좁아질 수밖에 없다. 스무고개를 하는 것처럼, 거듭되는 문장들이 작가의 삶과 세계관과 가치관을 오롯이 드러내고 마는 것이다. 작가의 주관이나 선입견이 작품에 개입해서는 안 된다는 플로베르의 주장에 깊이 공감하지만 작품 전반에 걸쳐 얼룩처럼 스며든 작가의 삶만큼은 인정할 수밖에 없지 않을까.

인물 사건 배경을 비롯해 소설 구성요소는 분류기준에 따라 의도에 따라 가짓수가 달라질 것이다. 삶이라는 단어 역시 단순화시키기 어렵다. 이 글에서는 작가의 삶을 이루는 것 중 공간적 요소가 소설 속 세계를 형성하는 데 어떤 영향을 주는지—고백하자면 '나'라는 풋내기 작가의 짧은 생이 소설에 어떤 식으로 투영되어 왔는지에 대한 사소한 기록에 불과하다—에 대해 이야기하고자 한다.

---

2) 커트 보네거트, 『제5도살장』, 박웅희 옮김, 아이필드, 2005.

1. 사라지는 것들의 기록

나는 1981년 인천에서 태어났다. 학익동의 어느 산부인과, 라고 출생지가 기록되어 있지만 생의 시작은 언제나 기억하는 곳에서부터이니 인천구월동 어디쯤이 맞겠다. 이후 나는 간석동 어디쯤, 만수동 어디어디쯤에도 살았다. 좀 더 구체적인 지명이나 번지수를 말하지 못하고 애매모호하게 어디쯤, 을 반복하는 데에는 이유가 있다. 내가 살았던 곳 모두가 지금은 흔적도 없이 사라진 탓이다.[3)

> 나는 언덕과 골목, 계단의 미세한 틈을 따라 걸었다 갈라지고 쪼개진 것이 사방에 가득했다 부러진 치아처럼 굴러다니는 잔돌과 군자마자 들뜨기 시작한 창틀 실리콘, 골목에 내놓은 물건과 비닐은 모두 터진 채였다 덧바른 시멘트 덩어리가 찢어지고 또 찢어져 건물 벽을 이루고 있는 건 무수한 선이었다, 여긴 육교가 없어, 형, 그렇게 되뇌며 나는 언덕을, 계단을 올랐다, 가파른 걸음이 남긴 틈을 메우느라 바람이 분주했다,
>
> 안보윤, 『모르는 척』

---

3) 이 글에서 인용할 나의 작품은 다음과 같다. 『사소한 문제들』, 문학동네, 2011; 『모르는 척』, 문예중앙, 2013; 「구체성이 불러오는 비루함에 대하여」, 『자음과 모음』 21호(2013년 가을호).

P시는 황량했다. 잡초와 자갈투성이인 들판이 사방에 펼쳐져 있어 바람소리마저 허허로웠다. 들판을 가로지르는 짐승은 방향 잃은 들쥐와 배가 홀쭉해진 새 떼뿐이었다. 아무것도 수확할 수 없고, 누구도 살 수 없을 것만 같은 들판 한가운데 마을이 있었다.

외벽에 붉은 흙이 맺힌 오래된 건물들은 하나같이 몸을 바깥쪽으로 기울인 채 서 있었다. 위에서 내려다보면 마을 전체가 삐드렁니 솟은 길쭉한 입으로 보일 게 분명했다. (…) 그럼에도 마을은 끊임없이 증식하고 있었다. 마을 윤곽선을 따라 세운 철골에 드문드문 살이 올랐다. 몇 개월 만에 마무리돌을 올린 건물은 태어나자마자 곧바로 늙기 시작했다. 흙모래 섞인 바람 때문인지 애초부터 나쁜 재료를 쓴 건지 알 수 없었지만 완공된 건물은 너나없이 더럽고 추레했다.

안보윤, 『모르는 척』

나는 연탄아궁이가 남아있는 구월주공아파트에서 유년을 보냈다. 보일러시공공사가 끝났음에도 현관문 옆에 사과박스만한 철문이 남아있어 그곳에 종종 가방을 넣어두고 놀러나가곤 했다. 아파트 단지 내 도로와 놀이터를 제외한 모든 공간에 클로버와 민들레가 가득해서 마음만 먹으면 하루에 네잎클로버를 다섯 개쯤 찾을 수 있었다. 모든 아이들이 코팅된 네잎클로버를 가지고 있었고 낮은음자리표 모양으로 구부려 만든 낮은 철 난간에 긁힌 흉터 역시 모두

가지고 있었다. 누구도 쓸 수 없게 된 연탄 몇 백 장이 아파트 지하에 쌓여 계절에 따라 얼었다 녹았다 터지기를 반복하는 곳이었다.

이후에는 골목이 잔뜩 박힌 동네에 마당이 집만큼 넓은 집에 살았다. 어린 시절의 기억이니 마당만큼 집이 좁았던 것인지도 모르겠다. 아버지가 벽돌과 나무를 이용해 마당에 커다란 평상(우리는 바깥마루라고 불렀다)을 만들었고, 그 옆에 붉은 벽돌을 쌓아 비닐을 깐 뒤 물을 부어 금붕어를 길렀다. 털이 짧은 점박이 개와 삽살개, 다리에 문제가 있어 제자리를 빙글빙글 돌기만 하는 치와와를 길렀던 곳도 그 집 마당이었다.

앞서 말했듯이, 지금은 어느 곳도 남아있지 않다. 어디쯤 들을 찾아가본 적은 여러 번이었으나 어느 때는 황폐한 누런 땅과, 어느 때는 앙상한 철근구조물과 마주쳤다. 그곳에는 이내 고층아파트와 비슷비슷한 생김새의 빌라들이 들어섰다. 철거중인 건물과 조우할 때마다 유년의 기억이 통째로 뜯겨나가는 기분이 들었다. 나의 소설 속에 망가지거나 부서진, 사라졌거나 사라져가는 도시들이 자주 등장하는 건 그런 이유에서다.

골목은 도착적으로 엉켜있다. 좁은 지붕과 안테나가 닥지닥지한 이곳은 일찍이 지도에서 휘발된 공간이다. 판자촌달동네무허가건물들. 벽돌담과 아스팔트로 이루어져 전선 뒤엉킬 나무 한그루 없는 곳을 보금자리라 부르는 이는 없다. 날것 그대로 거친 담벼락에 남자의 어깨가 쓸린다. 금세 비듬처럼 돋아난 보풀을 무시하고 남자는 언덕 오르는 일에만 집중한다. 고도가 높아질수록 상점과 매연, 골목, 사람의 밀도가 낮아진다. 함께 낮아지는 것은 산소와 밀착된 안정감, 언덕 경사에 맞춰 기울어진 계절 외의 모든 것이다.

발뒤꿈치에 묶인 남자의 그림자가 터무니없이 얇다.

안보윤, 「구체성이 불러오는 비루함에 대하여」

언덕을 야금야금 좀먹고 지어진 무허가건물들에는 세부주소가 없었다. 312-9번지 푸른슈퍼가 구자동 마지막 주소지였는데, 슈퍼 맞은편 구자언덕에 빽빽이 들어찬 집들은 모두 '312-9번지 푸른슈퍼 앞'이라고 표기함으로써 주소를 대신했다. D는 푸른슈퍼에서 직선거리로 최소한 500미터는 떨어진 곳에 위치한 자신의 방을 '앞'이라는 간단한 단어로 묶을 수 있는 건지 늘 의아했다. D에게 있어 '앞'이란 무언가의 형체가 뚜렷이 그려지고, 심지어 손을 뻗으면 그것을 잡을 수 있는 구체적 거리를 의미했다. 그렇다고 가뭄에 뒤틀린 넝쿨처럼 제멋대로인 골목을 설명할 재간도 없어서, D는 택배도착시간에 맞춰 슈퍼 앞에 나와 있는 참이었다.

(…)

눈이 내리면 구자언덕은 거대한 빙판으로 변했다. 눈은 애매한 높낮이의 계단들을 집어삼킨 채 굳어 누군가의 발목을 비틀거나 꼬리뼈를 쪼개놓기 일쑤였다. 동사무소에서 내주는 제설제로는 역부족이라 언덕 사람들은 전철역이나 고속도로 입구에 설치된 비상적재함에서 염화칼슘을 훔쳐와 길에 뿌렸다. 언덕 꼭대기에 지어진 건물들은 얇은 시멘트벽과 철근이 녹아버릴까 봐 그마저도 할 수 없었다. 흙모래를 긁어와 겨울을 버텨도 봄이면 부식된 시멘트가 너풀너풀 꽃가루처럼 날렸다. 성가시고 구차한 광경이었다. 아스팔트의 거친 윤곽과 검게 흘러내린 구멍을 훑는 D의 얼굴이 흐렸다.

안보윤, 「구체성이 불러오는 비루함에 대하여」

사람들은 손쉽게 집을, 가게를, 거리를 부쉈다. 그곳에 고인 기억들이 함께 부서지는 것에 아랑곳하지 않고 숨 가쁘게 부수고 새로 짓기만을 반복했다. 항구를 끼고 있는데다 공업화되면서 인구가 급격히 몰려 조악하고 허술한 건물들이 계획 없이 들어찬 인천의 특성상 불가피한 과정이었을 것이다. 그래도 나는 사라진 집과 거리에 매번 상처받았다.

사라지는 것은 그뿐만이 아니어서 거기 조랑조랑 매달려 있던 기억들, 이를테면 낮은 담에 문지르던 흰 돌멩이, 풀숲을 뒤지던 어린 손가락과 모래 깔린 놀이터까지 단숨에 내달리던 검고 둥근 무릎들까지 함께 사라졌다. 졸업한 학교는 기형적으로 우람해졌고 새로 지은 아파트는 쌍둥이처럼 똑같아 나는 자주 길을 잃었다. 그렇다면 기록할 수밖에 없다는 생각이 들었다. 전부 다 사라져버리기 전에 내가 마주한 것들을 어떤 식으로든 기록할 수밖에 없겠다고.

2. 마주선 것들의 기록

소설 배경을 선택할 때 작가가 제일 먼저 하는 일은 자신의 기억을 뒤적거리는 일일지도 모른다. 직접경험은 간접경험이나 상상보다 훨씬 강렬한 인상을 남기기 때문이다. 소설에 어울리면서 의도에 부합하는 장소나 분위기를 찾아내는 것이 무엇보다 중요한데 내 기억의 호주머니에서 불려나온 것들은 대략 이렇다.

아버지에게 물려받은 송죽헌책방은 배다리 책방 골목 중에서도 제일 안쪽에 자리잡고 있었다. 천장이 낮고 담이 두꺼운 옛날 건물들이 즐비한 골목이었다. 투박한 건물들에 비해 도로는 반듯하고 넓었다. 두식이 어릴 때만 해도 흙덩이 튀어나온 길에 되는대로 아스팔트를 깔아 엉망이었는데 이젠 흔적조차 없었다.

(…) 대형서점과 헌책방은 너무도 달랐다. 색색의 유니폼을 입은

종업원이나 반듯한 바닥, 흰 벽과 은은하게 흐르는 음악 소리가 헌책방에는 없었다. 질서정연하게 정리된 책장과 모서리가 뾰족하고 속지가 새하얀 책도 물론 없었다. 있는 거라곤 거대한 책 기둥과 먼지, 엉망으로 겹쳐진 누런 종이와 으깨진 벌레뿐이었다. (…) 지금이라고 딱히 헌책방을 좋아하게 된 것은 아니다. 두식은 그저 이곳에 고인 채 흘러가지 않는 시간이 마음에 들 뿐이다. 시간이 흘러가지 않으면 어쩐지 잃어버리는 것도 없을 것만 같다. 다만 고여 있는 게 시간이나 추억뿐 아니라 미련과 후회까지인 것이 다소 불만이다.

안보윤, 『사소한 문제들』

십대 후반과 이십대 초반의 나는, 이제 좀 가죽이 두꺼워진 손바닥과 착실히 뒤꿈치를 눌러 딛는 내 발걸음은 배다리 헌책방 골목에 자주 머물렀다. 목록을 마련해가는 일은 대개 무의미해서 마침 눈길을 끄는 책을 집어 계산하는 날이 많았고 목적 없이 그저 낡은 책등과 무수한 글자들을 쓰다듬으러 가는 날도 많았다. 책을 더듬느라 손이며 소매가 새까매지면 계산대 뒤쪽 파란 고무호스가 연결된 수도에서 손을 씻었다. 엇비슷하게 낡은 건물과 마찬가지로 엇비슷하게 늙은 주인들이 골목을 따라 줄줄 이어지곤 했다. 어느 책기둥이든 맹렬히 파고들면 희귀하거나 신비한 책이 한 권쯤 나올 것만 같은 운치 있는 풍경이었다.

지금의 배다리 헌책방 골목은 지나치게 반듯한 도로가에 가까스로 살아남은 몇몇 책방들이 남아있을 뿐이다. 그마저도 상당히 현대화되어 입안까지 깔깔해지는 먼지 내음과 책을 너무 쌓아 아치형으로 휘어진 낡은 책장 대신 핑크플로랄 방향제와 흰 책장을 갖추고 있다. 곳곳에 자리 잡은 대형서점과 짧은 시간 위세를 떨친 인터넷서점이 인천 명물인 헌책방 골목 특유의 개성을 희석시킨 셈이다. 편리와 효율성을 내세운 개발계획에 문화적 정취와 역사가 비틀거린 것만도 여러 차례, 배다리 헌책방 골목은 그야말로 근근이 제자리를 지키고 있다. 최근 헌책방 건물에 벽화를 그리거나 문화프로그램을 활성화하는 등 명맥을 유지하기 위한 여러 노력들이 이루어지고 있지만 아슬아슬한 경계선상에 놓여있는 것이 현실이다.

　돌이켜보면 나는 변화가 불가피한 경계선에 놓이는 일에 비교적 익숙해 있다. 기원을 따져나가면 육지이기도 섬이기도 한 인천의 지역적 특색은 물론 지척에 있는 북한과의 경계선에 이르게 될 지도 모른다. 경계에 위치한 불안한 틈은 긴장을 고조시켜 조급한 결론을 도출해내기도 한다. 내가 성장하면서 빠르게 상실한 것들 역시 그 틈에 희생된 것일 수도 있다. 인천 지형과 문화에 기록된 근대의 나이테를 허물 벗어던지듯 치워낸 것도 어쩌면.

우리가 살던 아파트 단지는 치과에 놓인 모형치아처럼 희고 가지런했다. 그러나 큰길 맞은편에 줄지어 선 빌라들은 썩거나 곪은 이처럼 들쭉날쭉했다. (…)

노란 빌라들은 어깨를 맞붙인 채 세워져 있었다. 장대로 만든 빨랫줄에 걸리지만 않는다면 옥상에서 옥상으로, 빌라 다섯 채는 거뜬히 뛰어넘을 수 있을 정도의 간격이었다. 빌라와 담벼락이 야금야금 잡아먹는 바람에 아예 사람이 다닐 수 없게 된 골목도 많았다. (…)

빌라촌 옆구리께에는 잿빛 파라솔이 줄줄이 붙어 있었다. 개나 닭을 넣어둔 아이스크림 냉장고와 유명상표를 뒤집어 박은 트레이닝 복 등등이 모인 곳이었다. 노인들은 파라솔도 없이 길가에 앉아 고무대야에 담긴 도라지를 까고 굴 껍질을 쪼갰다. 재래시장이라고 칭하기도 민망한 그곳을 통과하고 나면 길이 급격히 넓어지며 사거리로 이어졌다. (…)

육교 건너편은 딴 세상이었다. 반듯하게 갈린 구역에 맞춰 세워진 빌딩들, 아주 가느다란 쇠틀이 지탱하는 거대한 크기의 유리창, 섬세하게 맞물려 파도 모양을 그려낸 색색의 보도블록, 참치캔 모양으로 위아래가 잘린 가로수. 아파트 단지도 단정한 모양새긴 했지만 이곳처럼 화사하진 않았다.

안보윤, 『모르는 척』

우리는 수시로 변화의 경계선에 놓인다. 녹아버린 사탕

처럼 허물어진 건물과 45층짜리 건물이 마주하는 장면에
위화감이 사라질 만큼 자주 말이다. 재래시장에서 십 분도
채 되지 않는 거리에 들어선 대형마트와 전철역 지하상가
머리 위에 켜켜이 쌓인 쇼핑몰의 경계선. 그것들이 때로는
잃어서는 안 되는 소중한 것들의 가치를 훼손하고 있다는
걸 기억해야 할 필요가 있다.

3. 철로 그리고 바다

이브 탕기4)라는 초현실주의 화가가 있다. 이 사람의 이
력은 조금 독특한데, 상선 선원으로 세계 각지 바다를 누비
다가 우연히 데 기리코5)의 그림을 보고 독학으로 그림을
배워 초현실주의 그룹에 합류했다고 한다. 그의 그림들을
보고 있자면 바다의 이미지, 화석을 닮은 생물들의 이미지
가 강하게 돌출되는 것을 알 수 있다. 상선 선원으로써의
경험이, 그때 그의 세계를 명백히 둘러싸고 있었을 바다 자
체가 작품 세계에 끼친 영향이 적지 않았음을 짐작할 수 있
는 부분이다.

---

4) 이브 탕기(Yves Tanguy, 1900~1955) 프랑스 출신의 미국 초현실주의 화가
5) 조르조 데 기리코(Giorgio De ChiRico, 1888~1978).

    내게도 지속적으로 작용하고 있는 두 개의 이미지가 있다. 철로와 바다가 바로 그것이다. 소래철교와 폐쇄된 협궤 열차가 여전히 나의 세계를 지배하고 있고,

P시를 둘러싼 들판 역시, 더럽고 진부했다 갈라진 땅에 굴러다니는 빛바랜 풀, 뿌리를 옮기는 건 빈 알을 쏟아내는 잿빛 새, 마을에서 멀어질수록 들판은 더욱 황량했고 솟아 있는 건 모래기둥뿐 그림자도 지지 않았다 단면이 하얗게 닳은 철로, 가 고된 걸음으로 P시를 빠져나가고 있었으나,

그 끝은 어디와도 이어지지 않았다,

폐쇄된 구간은 짧고도 길었다 들판을 더듬는 철로, 주모선은 끊긴 지 오래였고, 불과 500여 미터 떨어진 곳에 새로 깔린 철로로 고속 열차와 뚜껑 없는 화물차가 지나다녔다 열없게 드러누운 철로가 발작하듯 간간이, 떨었다,

안보윤, 『모르는 척』

바다의 연속된 이미지들이 여전히 내 의식 속을 표류한다.

꿈속인데도 아버지는 늙어 있었고 좁아든 등, 이 손바닥만 했다 언젠가의 동생만큼 작아진 내가, 아버지 옆구리에 귀를 붙이고 걸었다 바스락바스락, 할 때마다 걸음이 더뎌졌고 철썩대는 소금, 사막을, 바다를 구경했다, 모래사장은 어딘가와 똑 닮아 있었다 아주 먼 바다가 해일처럼 달려와 모래사장을 삼키면,

—이건 바다다.

거품 하나 일지 않는 물을 가리키며 아버지가 말했다.

—모래사장은요?

—이 밑에 있다.

물이 빠지자 아버지가 모래사장을 가리켰다.

—이건 사막이다.

모래알이 그새 노랗게 말라,

—그럼 바다는요?

—저 끝에 있다.

우리는 늘 같은 장소에 서 있었다 내가 끄덕이면 그 자리가 사막, 이 되었다 바다, 가 되었다 사막을 바다를 보고 있던 아버지가 인근 아, 하고 불렀고,

안보윤, 『모르는 척』

내게 있어 중단된 철로와 바다의 이미지는 강렬하다. 나는 좁고 불안정한 소래철교 위를 수차례 걸었고 단단한 이음매를 입에 문 새로운 철로가 그 곁에 놓이는 걸 목도했다. 미미한 물결을 일으키며 갯벌을 핥는 바다 역시 유년의 기억부터 현재까지 이어진다. 겹게 쑨 도토리묵처럼 검은 연안부두의 바다와 이따금 유람선이 배를 가르던 월미도 회색 바다, 갈매기가 돌처럼 앉아있는 소래포구의 갯벌들이 끝말잇기를 하듯 자연스레 따라나선다. 헬륨가스를 채운 고양이 풍선을 쥐고 선 유년의 나와 미간을 좁힌 채 욕설을

내뱉던 사춘기의 나, 짐짓 여유로워진 척하지만 수시로 스마트폰을 두드려대며 초조해하는 성년의 내가 그 곁에 서 있다.

소설에 있어 작가의 삶이란 그다지 중요하지 않을지 모른다.

작가가 어떤 유년을 보냈고 어떤 환경에서 살았으며 어떤 시련과 환희의 순간들을 겪었는지 그 모든 과정들을 소설 말미에 부록처럼 달아놓을 필요는 없다. 그러나 소설 속에 존재하는 어떤 순간(혹은 장면)들은—쇠락한 놀이공원에서 맹렬히 돌아가는 디스코나 재개발지역을 뒤덮은 붉은 페인트를 들여다보듯 서 있는 거대기업 아파트단지, 수면이기도 무른 땅의 표면이기도 한 서해바다 귀퉁이, 화석처럼 굳은 시간들이 책장마다 매달린 헌책방—작가의 내밀한 고백과도 같다. 하나의 문장은 때로 물비린내처럼 집요하게, 코가 빽빽한 그물처럼 치열하게 세계를 이끌어낸다. 나의 세계는 아직 노랗게 메마른 모래알에 불과하지만 가만히 귀 기울이면 언젠가 들릴 것이다. 흰 거품띠를 앞세운 바닷물 밀려오는 소리가.

더 읽어볼 책들

• 줄리언 반스 지음, 신재실 옮김, 『플로베르의 앵무새』, 열린책들, 2005.

이 책은 기본적으로 플로베르가 작품 집필을 할 때 책상 위에 올려두었다는 앵무새 박제를 찾고자 애쓰는 어느 퇴역 의사의 여정으로 구성되어 있다. 줄리언 반스는 이 작품 속에서 전통적인 이야기 구조 자체를 와해시키고 자신만의 독특한 구성과 어법으로 이야기를 끌어나간다. 플로베르의 작품과 세계관 뿐 아니라 삶과 예술의 전반적인 측면을 아우르는 흥미로운 책이다.

• 커트 보네거트 지음, 박웅희 옮김, 『제5도살장』, 아이필드, 2005.

저자인 커트 보네거트는 제2차 세계대전에 참전했다가 1944년 독일군에 생포되어 드레스덴의 '제5도살장'이라 명명된 곳에 갇혀 대량 학살을 목격했다. 오랜 뒤 이를 토대로 집필한 작품이 바로 이 책이다. 커트 보네거트가 직접 본문에 명시한 이 부분이 이 책의 성격을 가장 잘 설명해 줄 것이다.

이 작품은 아주 짧고 뒤죽박죽이고 귀에 거슬려요, 샘. 대량 학살에 대해 말할 만한 지능을 갖춘 존재가 하나도 없기 때문입니다. 모두가 죽을 수밖에 없으니, 다시는 어떤 것을 말하거나 어떤 것을 원할 수가 없지요. 대량 학살 뒤에는 모든 것이 조용하게 마련이고, 언제나 그렇지요. 새들만 빼고요.

그럼 새들은 뭐라고 할까요? 대량 학살에 대해 말할 수 있는 것은 이뿐입니다.

"짹짹?"*

---

* 커트 보네거트, 『제5도살장』, 아이필드, 2005, 30~31쪽.

시와 고향

임선기

본명 임재호(林載鎬). 1994년 「작가세계 신인상」 수상으로 등단하였다. 파리10대
학교에서 언어학 박사학위를 취득하였고, 현재 연세대학교 불어불문학과 교수로
재직 중이다. 시집으로 『호주머니 속의 시』(문학과지성사, 2006), 『꽃과 꽃이 흔들
린다』(문예중앙, 2012)가 있다.

시와 고향

'나의 문학'이란 표현은 아직 멀다. '시와 고향'으로 제목을 바꾸어 강연한다. 시와 고향의 관계에 대해 말하는 장소로 고향이 적절해 보인다.

나는 음력으로 1967년 섣달 생이다. 인천시 동구 창영동 84번지에서 태어났다. 태어난 집은 지금 사라지고 없지만 주변은 많이 남아 있다. 삼대가 인천이다. 어머니는 부평 분으로 파평 윤씨 집안에서 시집오셨다.

나의 본관은 회진이다:

겨울 會津

詩店에

도착하였다

검은 배나무 숲
공판장을 지났다

담장에 마른 동백
無常이라는 生動

榮山에
말이 목을 축인다

동구에는
별리가 어룽거린다

묵정밭 너머
글씨가 고요하다

　나는 가톨릭 신자인데 소시少時에는 감리교 신자였다. 처음 기독교를 접한 건 조부모께서 창영교회에 다니셨기 때문이다:

幼年

어느 날 받은 편지에서 처음
思索이란 말을 들었다
붉은 벽돌로 지은 예배당 마당에서
순정한 사랑도 보았다
십자가에 매달리신 분은 겨울에도
눈을 맞고
순수해지곤 하셨다
먼 곳에서 모든 것을 포기하라는
말씀이 들렸다
유다 청년은 풀이 죽어
달아나곤 하였다

어느 날 교회 친구가 준 카드에서 처음 '사색'이란 단어를
만났다. 그 낱말이 어린 내게 날아와 박혀서 아직도 남아
있다. '카리스마'라는 말이 있다. "강력한 힘"을 뜻한다. 본
래 그 말은 "신에게서 온 능력"을 뜻한다. 그것은 왕에게만
오는 것이 아니다. 카리스마는 말에도 온다고 생각한다. '사
색'은 카리스마 있는 말이었다.
  '갑문'이란 말도 인천에서 배웠다:

어릴 적 '갑문'이란 말을 자주 들었다

어릴 적 '갑문'이란 말을 자주 들었다. 어른들의 말이었다. '인천에는 갑문이 있다'는 말은 인천에는 특별함이 있다는 말과 같았다. 어린 나는 갑문의 실체가 무엇인지 잘 몰랐지만 막연히 그것은 멀지 않은 곳에 있는 대단한 것이라는 생각을 갖게 되었다. 그리고 자라서 갑문을 보게 되었다. 그것은 결국 단순한 원리에 의해 작동되는 기계이지만 내게는 그럴 수만은 없는 것이었다. 다가올 수 없는 곳에 천천히 다가올 수 있도록 자신을 열고 머물러 있게 하고 또 떠나가게 하는 갑문은 내게는 모던한 사랑이었다. 그리고 그 사랑의 본질은 저 사막 가운데 천막에서도 벌어지던 객에 대한 환대(hospitality)였다.

고향을 떠나 타향에서 산 지 벌써 여러 해. 타향은 고향이 될 수 없다. 타향에는 갑문이 없기 때문이다. 이제 내가 고향에 갈 때마다 고향은 갑문이 된 듯 멀리서 문을 연다. 나는 객처럼, 꼭 나만큼 낡은 고향 갑문에서 머물고 떠난다.

누군가 인천을 물으면 나는 이제 갑문이 있는 곳이라고 말한다. 사람들은 그 말이 무슨 뜻인지 잘 모르리라. 아무것도 아니지만 아무것도 아닐 수 없는 사랑처럼 모르리라[1].

---

1) 『작가들』 2012년 봄호, 2012.

나는 동명초교 출신이다:

일제 때 영세민 아동들의 교육에 헌신한 두 사람의 '페스탈로치'
가 인천에 있었다. 지금으로부터 26년 전 도원동 보각사 강당에서
는 두 젊은 처녀가 성냥 공장과 정미소에서 품을 팔고 돌아온 소년
소녀 직공 약 1백 명을 모아 야학을 열었다. 간판은 '관서학원(關西
學園)'. 6개월 동안 한 푼의 보수도 없이 지탱했으나, 더 이상의 경영
은 할 수 없었다. 절에서 강당을 비우라는 것과 일본 경찰의 간섭이
있기 때문이었다. 일본 경찰은 이 학원의 운영을 위하여 두 사람의
독립군이 암암리에 도와주었다는 핑계로 해산시키고 말았다. 이후
삼복더위 중에 어린 소년 소녀는 선생과 합심하여 문자 그대로 피와
땀을 흘려 학교를 다시 세웠다. 사랑과 피, 땀의 결정인 '동명학원'
이 탄생한 것이다. 일본 경찰은 '동명'의 의미를 캐물으며 위협과
강압을 가하였다. 이러한 곡절 끝에 1939년 10월 8년 동안 간직했던
학교 이름 '동명'을 빼앗기고, 일본식 이름인 '소화(昭和)강습회'라
는 문패를 붙이는 수밖에 없었다. 오고야 말 8월 15일! 비로소 교문
에는 '동명학원'이라고 쓴 간판이 빛나게 되었으며, '소화'라고 쓴
문패는 화장되어 영원히 사라지고 말았다[2].

---

2) 『仁川昔今』, 고일, 해반문화사랑회, 2001, 52~53쪽. 편의를 위해 원문을 편집
하여 인용.

창영동은 우각리, 즉 쇠뿔 마을이다. 현재 재직 중인 연세대 문과대 역시 쇠뿔 모양의 길가에 있으니, 쇠뿔 가지에서 일생의 대부분을 보내고 있는 나로서는 쇠뿔 형태와 무슨 인연이 있지 않나 싶기도 하다:3)

창영동

고향은 갑문
추억이 시간을 하역하면
말은 시간을 물고 항구를 난다
좁은 비 오고
성성한 저녁이 오면 선술은 차고
이단교도들은 서로 발을 씻어준다
노란 십자가가 비탈로 긴 그림자를 떨구는
철로에는 거적이
죽은 자의 시간을 감돌고 있는데
실 돌아가는 소리
방적 기계가
앉은뱅이 부부의 사랑을 엮고 있는

---

3) '쇠뿔'이 '쇠'와 '불'의 합성어로 대장간이 많아 붙인 이름이라는 설도 있다. 필자 역시 어린 시절 도원동 대로변에서 대장간을 본 기억이 있다.

고향은 갑문

따뜻한 눈이 내리고 지붕 위 아버지의 산책이 위태로운

그곳은 고양이 달이 뜨는 밤

타전할 수 없는 병사가 쓰러진

밤은 어둡지 않고

모여 있으며

다만 달빛의 날카로운 날이 무수히 떨어져 있다

고향은 갑문

추억을 풀어주고 제가 먼저 먼 바다로 가서

눈이 퉁퉁 불어 새벽이면 돌아온다

  나는 제물포고를 나왔다. 그곳에서 두 가지 체험을 했다. 하나는 관조, 다른 하나는 예감. 어느 국어 시간의 일이었다. 우연찮게 창밖을 보았다. 거기 나비 한 마리가 날아가고 있었다. 나비는 많은 햇빛 속을 저어가고 있었는데 그만 그 장면이 마음에 걸렸다. 나는 그때 '관조觀照'를 의식한 것 같다. 관조의 시공간은 일상의 것과는 달랐다. 관조란, 이 세계에서 저 세계를 보는 시간이다. 이 세계 속의 시선은 관조가 아니다. 단순히 물끄러미 보는 것이 관조는 아니다. 관조는 이 세계와 저 세계의 통로가 열리는 것을 조건으로 한다.

그 '절대적' 순간 속에서 보는 것이다. 그 순간이 어느 날 나비처럼 찾아왔던 것이다:

꿈속의 나비

꿈에 나비가 한 마리 날아와
내 가슴 위에 앉아 있었다

가냘픈 바람에도 나는 불안하였다

간밤에 나비가 한 마리 날아와
창에 파닥였다
별 자국이 몸에 많은 그 나비를 보는데
'憧憬'이란 말이 떠올랐다

그때 좀더 낮은 곳으로
별 하나가 내려앉았다

관조는 불가佛家에서 온 한자어다. '照'를 보면 관조와 빛의 유관함을 본다. 지혜와 관조를 통해 보는 세계는 어둡지 않고 밝다. 하이데거 또한 '밝음'이 진리의 속성이라고 보았다. 그는 「예술 작품의 근원」에서 "아름다움은 숨어 있지 않음으로서의 진리가 일어나는 한 방식"이라 말하고 그 아름다움을 빛과 동일시했다. 불가는 그 세계가 실상實相, 즉 만물의 참모습이라 말한다. 그 세계의 또 다른 특징은 고요함이다. 고요는 피안彼岸의 핵심이다. 하이데거는 다시 「예술 작품의 근원」에서, 움직임을 배제하거나 움직임이 없는 것이 아닌, 움직임을 자기 내부로 모으고 있는 고요함, 말하자면 최고의 움직임으로서의 고요함이 있을 수 있다고 말한다. 관조에 상응하는 라틴어 *Contemplatio*는 교회 라틴어(Christian Latin)다. 그 관조는 대상이 '신神'이나 '신적 사물'이라는 점에서 다른 '봄'과 구별되는데, 불가의 관조는 내적 지혜를 기반으로 하는 봄이라는 데서 여타 '봄'과 구분됨으로, 전자의 관조는 객관적이고 후자는 주관적이다.

내가 시인이 될 것을 '예감'한 건 제물포고 3학년 때의 일이다. 예감 이후 바로 시인이 된 건 아니다. 어느 날 나는 내 안이 기름밭과 같다는 걸 알게 되었다. 내면에 묻혀 있던 기름이 그날 해방되어 타올랐다. 말 그대로 '지핀' 체험이었다. 나는 그때 습작기가 마무리되고 있음을 알았다. 등단을 하고 시를 쓰고 발표를 하면서도 시인이라는 확신이 없었다. 그러다 어느 날의 '예감처럼' 시인임을 알게 되었다. 그리고 자유로워졌다. 시인은 타인에 의해 시인으로 정해지거나 사회 제도를 통해 시인이 되는 것이 아니다. 시인은 '자신自身에 의해', 스스로 시인이다. 오로지 자신만이 시인 임을 알 수 있다. 그것은 '예감'에 공명共鳴하는 '확신'이다. 불명不明에서 벗어나는 계기로서의 인식認識이다.

시의 개입이 어린 시절부터 있었던 만큼 고향 인천은 시의 무대가 되었다:

고향

외로이 서 있던 은행나무 한 그루
잊을 수 없어라
양철 지붕들
고요하던 마당 징검돌들
할머니 한 분 은행나무 옆에 서 계시던 것
불던 바람
은행나무에서 내리던 비
그 골목
우물이 살던 집의 내력을
듣던 밤을
잊을 수 없어라
무슨 까닭인가

새벽 요비링 소리

잊히지 않고

잊을 수 없어라

월미도

바닷가에 서 있던 카페는

바다로 들어가 버리고

남은 카페 속으로 들락거리던 것은

허무였다

바다에

종일 내리던 눈

허무가 넓은 창 너머로 보던 바다는

바다였을까

다른 生으로 부지런히 건너가던 바다를

부지런히 창은 받아내고 있었다

나는 목이 메어 울고 있었다

월미도에서

바다는 보이지 않고

대낮인데
별 하나 높이 떠서

먼 데 본다

고동이 피었다 지고
돌로 만든 머리카락이 날린다

바다를 잊지 못한 바람이
창에 부딪치고,

가슴 속에는
핀 하나가 놓여 있다

　그런데 시와 고향의 관계야말로, 시를 시로 존재하게 하
는 시의 고유성固有性 중 하나다. 즉 '진정한' 시는 고향과 관
계있다는 생각이다. 고향에 대한 사전辭典의 정의는 핵심이

'어린 시절'이다. 성인成人이 된 후 고향을 가질 수는 없다. 고향의 어린 시절은 '분별없는 세계', 곧 '철없는 세계'다. 철없다는 것, 분별없다는 것을 불가에서는 '분별식識'이 없다 한다. 감각근根에 의한 '감각식'과 다른, 뇌腦라는 근에 의한 식, 즉 의식이 없다는 것이다. 언어학자 마르띠네(Martinet)는 어린아이는 '램프'와 '램프 빛'을 분별할 수 없다 말했다. 어린아이가 그 둘을 분별할 때 생기는 것이 바로 언어다. 그리고 이성理性이다. 물론 언어와 이성의 바탕조차 그 분별의 시점에서 생기는 건 아니다. 언어와 이성의 바탕은, 데카르트식 언어관에 따르면 본유적本有的이다. 다시 말해 타고나는 것이다. 그러니까 어린아이와 성인을 가르는 언어(이성)는, 본유적으로 태어나서 성장成長을 하다가 성장을 멈추는 때의 언어(이성)다. 성인은 이 성장의 결과물인 언어(이성)를 사용하며 사회생활을 한다. 이른바 '현실'을 살아간다. 고향은 바로 그 언어(이성)의 세계 이전以前의 세계다. 언어(이성)의 세계를 나는 '산문散文의 세계'라 부른다. '시의 세계'는, 명석한 루소의 통찰에 따르면, 산문 이전의 세계다.

이렇게 고향은 시의 세계와 통한다. 어린아이가 시의 세계를 떠나 언어/이성/산문의 세계로 들어갈 때, 그 아이는 고향을 떠나는 것이다. 물론 그 '고향'은 언어적/철학적/문학적 관점에서의 고향이다. 이 고향이 형성되는 구체적인 장소를 '장소로서의 고향'이라 부를 수 있다. 나의 경우, 그 장소로서의 고향이 바로 인천이다. 반면 회진은 그런 고향은 아니다. 하지만 본관은 또 다른 고향 중 하나다. 고향은 복수複數로 존재하는 것이다:

또다른故鄉

故鄉에 돌아온날밤에
내 白骨이 따라와 한방에 누엇다.

어둔 房은 宇宙로 通하고
하늘에선가 소리처럼 바람이 불어온다.

어둠속에 곱게 風化作用하는
白骨을 드려다 보며
눈물짓는 것이 내가 우는것이냐
백골이 우는것이냐
아름다운 魂이 우는것이냐

지조 높은 개는

밤을 새워 어둠을 짖는다.

어둠을 짖는 개는
나를 쫓는 것일게다.

가자 가자
쫓기우는 사람처럼 가자
백골몰래
아름다운 또다른 고향에가자.4)

 윤동주 시인은 이 시편에서 고향에 돌아온 날 밤에 다시
쫓기는 사람처럼 어서 서둘러 또 다른 고향에 가자고 스스
로를 재촉한다. 그곳은 죽음("백골") 몰래 가야하는, "소리처
럼 바람이 불어"오는 "하늘", "어둔 방"과 "통하"는 "우주"
에 있는 "아름다운" 고향일 것이다. 이처럼 고향은 여럿이
고 고향은 시인을 가둘 수 없다. 가두려는 고향이 있다면
그건 고향이 아닐 것이다. 고향은 열린 대지大地처럼 하늘과
조응照應하며, "영원히 여성적인(괴테)" 힘으로 우리를 살게
하는 어머니이기 때문이다.

---

4) 『원본대조 윤동주 전집 하늘과바람과별과詩』, 연세대학교 출판부, 2004, 43쪽.

그러면 복수의 고향들이 공통으로 갖는 특징, 말하자면 '고향성故鄕性'이라 명명할 수 있는 것은 무엇일까? 여러 가지가 있겠으나, 그중 하나는 고향은 '부르고', '온다'는 것이다. 고향은 부르고 온다. 부르고 오는 고향에 응하는 것이, 고향을 '여전히' 살고 있는 사람의 생生이다. 그 사람에게 시의 세계는 산문의 세계로 대체된 것이 아니다. 그에게 시의 세계는 시/산문의 문턱을 넘어 산문 세계에 개입한다. 고향은 그런 것이고 내게 인천은 그런 고향 중 하나다.

고향 1

마당에 나무 한 그루
앞강
떨어진 은행잎
내리는 빗방울
동구까지 나가 기다리는
시간
처마 밑 추억
여기까지 왔다가 그냥 돌아가는 슬픔
환하게 불 들어온 아궁이
푸른 불 만들며

如如이 밥 짓고 있다
읽는 시
세상에 아주 적은 시.

고향 2

사라진 집
여름 호박꽃

환한 장독대
날리던 광목

어느 나라에서 왔다던 꽃나무
가지런하던 채송화

지붕 넘어오던
구름 구름

높던 다락방
작은 문 열고 바라보던 하늘

가난하던 말(言)

가난하던 말

仁川

어느 날
푸른 눈(雪) 내리고
새는 동네를 돌고
굴뚝에서는 그림자 날린다

어느 날 창은 기다림이 되고
정거장은 어깨 숙이고
붉은 장미가 된다
나는
나를 외출한다

어느 날은 검은 도랑으로
내려가는 눈송이들
작은 집들
강아지들

그리고 바다로 가는
나무들.
붉은 보석이 되고
아무도 보지 않는데
하늘이 하나 진다.

(미발표 시들)